Karlheinz Jacobi
Das farbige Hausbuch der
Zimmer-pflanzen
BLV

Die Deutsche Bibliothek – CIP-Einheitsaufnahme

Das farbige Hausbuch der Zimmerpflanzen /
Karlheinz Jacobi. – 15. Aufl.,
München; Wien; Zürich: BLV, 1999
ISBN 3-405-14902-9
NE: Jacobi, Karlheinz

15. Auflage

BLV Verlagsgesellschaft mbH
München Wien Zürich
80797 München

Umschlaggestaltung: Studio Schübel
Layoutentwurf: Grafik-Studio Steinbicker
Zeichnungen: Anina Westphalen

Lektorat: Dr. Thomas Hagen
Herstellung: Hermann Maxant

Reproduktion: Repro Ludwig, Zell a. See
Satz: Studio Pachlhofer/Tirol
Druck und Bindung: Druckerei Parzeller, Fulda

Gedruckt auf chlorfrei gebleichtem Papier

Printed in Germany · ISBN 3-405-14902-9

Bildnachweis

Busek: U3o, 30, 93o, 94o, 95o, 96/97

Becherer: U1u, U3u, 33, 38, 40, 49o, 52, 58, 62, 63o, 63u, 64, 69, 74u, 78u, 82o, 82u, 84o, 84u, 88u, 91, 93u, 94u, 95u, 101u, 104, 106, 107, 108o, 121, 124u, 130o, 132o, 134o, 134u, 135o, 143

CMA: 75u, 81, 125o

Eisenbeiss: 32, 50, 57, 60, 65o, 70o, 70u, 71, 74o, 80u, 85, 90, 92, 101o, 108u, 109o, 109u, 112

Gardena: 151

Morell: 35u, 51u, 73u, 86r, 128u

Seidl: 34, 37o, 43, 53, 56u, 68o, 78o, 80o, 98u, 103o, 103u, 105, 111, 117o, 122u, 139

Strauß: U1o, 1u, 2/3, 6/7, 28/29, 31, 36, 37u, 39, 41o, 41u, 42, 44, 45, 46o, 47, 49u, 51o, 54, 55o, 55u, 56o, 61, 66, 68ul, 68ur, 73o, 75o, 76, 77, 79o, 79u, 83, 86l, 87o, 87u, 88o, 89, 98o, 99, 100, 110o, 110u, 113, 114o, 115, 116o, 116u, 118, 119u, 120, 122o, 123, 124o, 125u, 126, 127, 128o, 129o, 129u, 130u, 131o, 131u, 133, 135u, 136/137

Reinhard: 1o, 35o, 46u, 48, 59, 65u, 67, 72, 114u, 117u, 119o, 132u

Titelfoto: Strauß
Rückseitenfotos: Becherer (links); Seidl (rechts)
Das Titelfoto zeigt *Jacobinia carnea*

Zameo culkas (weiße Pflanze an WZ-Tür) €7.59

Inhaltsverzeichnis

Zimmerpflanzen für jede Wohnung

Blatt- und Blütenpflanzen gut gemischt

Am Fenster des Blumenfreundes treffen sich die Zimmerpflanzen zumeist in bunter Mischung. Umrahmt von immergrünen Kletterpflanzen, aufrechten Gummibäumen und ansehnlichen Philodendren, lösen reizvolle Blütenpflanzen als einjährige oder immerwährende Gäste der Fensterbank einander ab, ohne eine Lücke zu hinterlassen. Die Welt der Zimmerpflanzen mit ihren originellen, merkwürdigen und interessanten Pflanzengestalten, mit ihren großen und kleinen, bescheidenen und anspruchsvollen Blütenschönheiten erfüllt jedes Zimmer und jede Fensterbank mit abwechslungsreichem, stets interessantem Wachsen und Blühen.

Der fortgeschrittene Zimmergärtner, der neben der vielzitierten glücklichen Hand für Blumen noch genaue Kenntnisse über die unterschiedlichen Wünsche seiner grünen Pflegebefohlenen besitzt, stellt – wenn er Platz genug hat – die Pflanzen mit gemeinsamen Ansprüchen zusammen, um sich die Pflegemühe zu erleichtern und auch das Wohlbefinden seiner Lieblinge zu erhöhen.

Da spielt die Himmelsrichtung eine gewichtige Rolle, die Sonne wird nicht von jeder Pflanze gut ertragen, die Ansprüche an Wasser, Licht, Temperatur, Luft und Düngung sind unterschiedlich, und schließlich heißt es auch, die verschiedenen Ruhezeiten zu berücksichtigen.

Und dabei soll die Fensterbank mit Blumen der Wohnung außerdem noch eine freundliche, gemütliche und geschmackvolle Note verleihen.

Es geht aber auch anders. Weg von der Fensterbank in die Mitte der Zimmer gerückt, ergeben sich mit Pflanzen prächtige Wirkungen. Dabei wird nicht nur das Wohnzimmer begrünt. Arbeitsbereiche werden durch einen grünen Dschungel zu Oasen der Kreativität, Leseecken zu Inseln der Behaglichkeit.

Kleine Töpfe eignen sich weniger für solche raumgestaltenden Aufgaben. Die übernehmen hochwachsende Pflanzen oder Zimmerbäume wie Baumfreund, Gummibäume, Geigenfeigen, Zimmerlinden oder Palmen. Alle diese Pflanzen garantieren außerdem eine angenehme Luftfeuchtigkeit im Zimmer, die im Sommer, bei höheren Temperaturen, durch die stärkere Verdunstung über die Blattflächen höher liegt. Um diese auch für Menschen so wichtige Luftfeuchtigkeit auf einem gesunden Niveau zu halten, sollten großblättrige Pflanzen wie Dieffenbachien, Fensterblätter oder Gummibäume aufgestellt werden.

So stehen die Wünsche der Menschen und der Pflanzen nebeneinander, und es gilt, für alle eine zufriedenstellende Lösung zu finden. Aus dem Kunterbunt der Blatt- und Blütenpflanzen entwickeln sich deshalb bald nach Ansprüchen und räumlichen Gegebenheiten geordnete Verhältnisse, die darum den Zauber des Pflanzenlebens nicht entbehren müssen.

Die Bildtafeln auf dieser und den nächsten Seiten sind unverbindliche Vorschläge für ein schöneres Wohnen mit Zimmerpflanzen. Es sollen Hinweise sein, die der Entdeckerfreude des Blumenfreundes nicht Einhalt gebieten. Denn das Pflanzenreich ist groß und vielgestaltig, so daß diese Empfehlungen nur die bekannten, pflegewürdigen und für jeden Blumenfreund erreichbaren Pflanzen enthalten. Die immer aufs neue angeregte Phantasie des Zimmergärtners wird viele Wege zu blatt- und blütenschönen Pflanzen weisen, die das Blumenfenster zum heiteren, liebenswerten Mittelpunkt der Wohnung machen.

- **1** Efeuaralie, x *Fatshedera*
- **2** Becherprimel, *Primula obconica*
- **3** Strauchbegonie, *Begonia*
- **4** Bubikopf, *Soleirolia*
- **5** Kroton, *Codiaeum*
- **6** Efeutute, *Epipremnum*
- **7** Flamingoblume, *Anthurium* Scherzerianum-Hybride
- **8** Flammendes Käthchen, *Kalanchoë*
- **9** Usambaraveilchen, *Saintpaulia*
- **10** Bogenhanf, *Sansevieria trifasciata* 'Laurentii'
- **11** Rautenblättrige Klimme, *Cissus rhombifolia*

Zimmerpflanzen für Nordfenster

Die meisten Zimmerpflanzen sind lichthungrig und benötigen für ein gesundes Wachstum und zur Vorbereitung und Bildung von Knospen und Blüten das Lebenselixier Licht in hohem Maße. Blumenfreunde wissen das und stellen dehalb die Pflanzen dicht an die Fenster oder auf die Fensterbank.

Auf die Sonne dagegen kann die Mehrzahl unserer Blatt- und Blütenpflanzen gut verzichten, denn nicht selten kommt es durch ihre sengenden Strahlen zu Verbrennungen auf Blättern und Blüten. Schon deshalb ist ein Nordfenster ein idealer Aufenthaltsort für viele schöne und begehrenswerte Zimmerpflanzen, die sich an diesem sonnenabgewandten Platz von Herzen wohl fühlen. Die Liste der Blütenpflanzen, die sich am Nordfenster von ihrer besten Seite zeigen, enthält das unverwüstliche, blüheifrige Usambaraveilchen (*Saintpaulia*), die exotischen Flamingoblumen (*Anthurium*-Scherzerianum-Hybriden), das Alpenveilchen, die *Kalanchoë* und viele andere mehr.

Das Nordfenster ist geradezu ideal für die liebenswerte Familie der Blütenbegonien (*Begonia*-Elatior-Hybriden und Lorraine-Begonien, siehe Seite 42), von denen die neuen Züchtungen die Zimmereignungsnote »sehr gut« verdienen. Gemeint sind die rosafarbenen Lorraine-Begonien und die zahlreichen Sorten der Elatior-Begonien mit weißen, gelben, rosa, roten und gefüllten Blüten.

Wer Platz hat, kann hier auch die wachstumsfreudige Passionsblume ranken lassen, die nach der Blüte ganz kurz zurückgeschnitten werden kann. Sie blüht ohnehin nur an den einjährigen Trieben, so daß diese Wachstumskorrektur das Blühen eher fördert als hindert. Noch reicher ist der Katalog an Blattpflanzen, die als Waldbewohner tropischer und subtropischer Zonen nur ungern Bekanntschaft mit der Sonne machen.

Die reizvolle Farnfamilie mit ihren liebenswerten und originellen Vertretern, mehrere *Philodendron*-Arten, der Gummibaum, die Kletterfeige, die hübschen kleinblättrigen Zimmerefeu-Sorten, die blattschönen Königsbegonien (*Begonia*-Rex-Hybriden), die Aralie und noch zahlreiche andere Mitglieder des Zimmerpflanzen-Ensembles geben am Nordfenster immer eine bemerkenswerte Vorstellung.

Auch die Freunde exotischer Pflanzen können am Nordfenster urwaldartiges Wachstum genießen. Eine ganze Reihe reizvoller Bromelien wächst und blüht hier, weil die meisten und schönsten zwar Licht, aber keine direkte Sonne mögen. Verständlich, wo sie doch zu einem großen Teil aus dem Halbdunkel tropischer Regenwälder stammen. Besonders wirksam präsentieren sich Bromelien an einem Epiphytenstamm (Seite 26), der auch an der Nordseite eines Zimmers mit großen Fenstern oder im Wintergarten aufgebaut werden kann.

Auch Palmen fühlen sich hier pudelwohl, die elegante Kentiapalme (*Howeia)*, die Zwergdattelpalme (*Phoenix loureirii*) und die Bergpalme (*Chamaedorea elegans*).

Viele Blumenfreunde geben dem Nordfenster überhaupt die beste Note, nachdem sie zuerst einige Zweifel hegten, weil diese Himmelsrichtung unerklärlicherweise in Zimmergärtnerkreisen ein wenig in schlechtem Rufe steht. Immer aber sollte man auch hier den Pflanzen einen möglichst hohen Lichtgenuß zubilligen und ihnen einen Platz nicht allzu weit vom Fenster geben.

Zu beachten sind am Nordfenster aber auch die unterschiedlichen Temperaturen. Das bedeutet, daß Pflanzen, die in wärmeren Räumen stehen, grundsätzlich mehr Wasser brauchen als die in kühleren Zimmern.

1 Aralie, *Fatsia*
2 Bubikopf, *Soleirolia*
3 Alpenveilchen, *Cyclamen*
4 Tradeskantie, *Tradescantia*
5 Zimmertanne, *Araucaria*
6 Usambaraveilchen, *Saintpaulia*
7 Schwertfarn, *Nephrolepis*
8 Efeutute, *Epipremnum*

...am Nordfenster wachsen und blühen auch

Flamingoblume, *Anthurium*-Scherzerianum-Hybriden
Königsbegonie, *Begonia*-Rex-Hybriden
Keulenlilie, *Cordyline*
Zypergras, *Cyperus*
Efeuaralie, x *Fatshedera*
Gummibaum, *Ficus elastica*
Geigenfeige, *Ficus lyrata*
Kletterfeige, *Ficus pumila*
Efeu, *Hedera*
Fensterblatt, *Monstera*
Zwergpfeffer, *Peperomia*
Baumfreund, *Philodendron scandens, P. erubescens*
Pfeffer, *Piper*
Geweihfarn, *Platycerium*
Saumfarn, *Pteris*
Moosfarn, *Selaginella*
Purpurtute, *Syngonium*

Zimmerpflanzen für Südfenster

Die meisten Zimmerpflanzen lieben die Sonne nicht. Sie fürchten ihre vor allem in dem Mittagsstunden sengenden Strahlen, machen am allzu sonnigen Süden des Hauses oft schlapp und zeigen die Wirkung eines Sonnenbades manchmal durch braune Flecken und trockene Stellen an Blättern und Blüten.

Wer in den Familienbüchern der Zimmerpflanzen blättert, findet dafür schnell eine Erklärung: Die meisten unserer grünen Freunde wuchsen einstmals im Helldunkel tropischer Regenwälder, wo die tödlich-dörrenden Sonnenstrahlen das grüne, schützende Dickicht nicht durchdringen können. Und wie ihre »wilden« Vettern den Schatten der Urwaldriesen, bevorzugen unsere Zimmerpflanzen sonnenabgewandte, wenn auch lichtbegünstigte Plätze. Der Blumenfreund, dem ein großes Südfenster zur Verfügung steht, braucht deshalb nicht zu resignieren. Reizvolle Bewohner sonnendurchglühter Steppen, Wüsten, Dornbuschwälder und ähnlicher Vegetationszonen und einige typische Sonnenanbeter warten nur darauf, einen Stammplatz am Südfenster einnehmen zu dürfen. Eine geschickte Auswahl sonnenliebender Pflanzen kann ein Südfenster zu allen Jahreszeiten mit buntem Blütenleben erfüllen. Beachtet werden muß nur, daß hier im Süden die Gießkanne öfter als an den anderen Fenstern der Wohnung in Aktion tritt. Der Wasserbedarf der meisten sonnenhungrigen Blatt- und Blütenpflanzen liegt verständlicherweise ziemlich hoch; Ausnahmen von dieser Regel stellen einige Durstkünstler dar, wie die meisten Vertreter der formen- und artenreichen Familie der Kakteen, die vielen anderen Sukkulenten und die anspruchslosen, wasserscheuen Sansevierien.

Viele der nebenan genannten Pflanzen brauchen sogar die Sonne als Lebenselixier, um nicht nur wachsen, sondern auch nach Herzenslust blühen zu können. An sonnenabgewandten Fenstern würde man vergeblich auf einen zufriedenstellenden Blütenflor warten. Und manche buntgefärbte Blattpflanze zeigt erst von der Sonne beschienen, was an Farbenpracht in ihr steckt. Andere wiederum kommen auch ohne Sonne aus, überstehen aber gelassen ihre sengenden Strahlen.

Blumenfreunde mit Vorliebe für Kletterer, Ranker und Hängepflanzen halten sich hier an die herrlich blühenden Bougainvilleen, die als echte Kinder des Südens die Sonne sogar dringend brauchen. Ihr ebenbürtig an Blütenschönheit ist die Passionsblume, deren prachtvolle, originell geformte Blüten sie immer zum Mittelpunkt einer nach Süden gerichteten Fensterbank werden lassen. Als dritte Rankerin übersteht die gute alte Wachsblume (*Hoya carnosa*) Sonnenstrahlen mit Gelassenheit. Ihrer großblütigen Schwester, der Kranzschlinge (*Stephanotis floribunda*), kann man die gleichen Tugenden zugestehen.

Von den aufrechtwachsenden Gewächsen sind es Ritterstern und Klivien, Flammende Käthchen, kleine Zwergröschen, der Zimmerhopfen, die hängende Glockenblume (*Campanula isophylla*), die buntgefärbte Schönmalve und die Zimmerlinde, die für Farbe und Blütenleben an sonnigen Fenstern sorgen.

Mehr als wirkungsvolle Kulissen dazu geben eine Reihe Blattpflanzen ab: Das Zypergras, die Zwergpalme und die Hanfpalme (*Trachycarpus*), die Buntnessel (*Coleus*), das Frauenhaargras und die immergrüne Myrte, die sich nach einigen Jahren mit weißen, duftenden Blüten schmückt.

1 Schönmalve, *Abutilon*

2 Guzmanie, *Guzmania zahnii*

3 Bogenhanf, *Sansevieria*

4 Scharlachrotes Dickblatt, *Crassula coccinea*

5 Echeverie, *Echeveria*

6 Blattkaktus, *Epiphyllum*-Hybride

7 Passionsblume, *Passiflora*

8 Zierspargel, *Asparagus densiflorus* 'Sprengeri'

... am Südfenster wachsen und blühen auch

Lanzenrosette, *Aechmea*
Zimmerhopfen, *Beloperone*
Zimmerhafer, *Billbergia*
Bougainvillee, *Bougainvillea*
Glockenblume, *Campanula isophylla*
Zwergpalme, *Chamaerops*
Klivie, *Clivia*
Buntnessel, *Coleus*
Elefantenohr, *Haemanthus*
Roseneibisch, *Hibiscus*
Wachsblume, *Hoya*
Flammendes Käthchen, *Kalanchoë*
Myrte, *Myrtus*
Kakteen und andere Sukkulenten, in vielen Arten und Gattungen
Zimmerlinde, *Sparmannia*
Kranzschlinge, *Stephanotis*

Kakteen und andere Sukkulenten

Unerschöpflich ist der Formen- und Farbenreichtum der dornenbewehrten, behaarten, säulenförmigen oder kugeligen Kakteen und anderen Sukkulenten, deren originelle, blütengeschmückte Gestalten seit Jahrhunderten die Pflanzenliebhaber begeistern. Die Liebe zu den meist stacheligen Gesellen hat aber auch noch recht reale Gründe: Keine andere Pflanzenfamilie übersteht die trockene Luft in den Wohnungen so gut wie diese robusten und anspruchslosen Gewächse.

Ihr Wachstum hält sich in Grenzen, so daß auf der kleinsten Fensterbank die verschiedensten Arten und Gattungen Platz finden und dort ein langes Menschenleben lang ausharren können. Wer über die Anfänge der Kakteenliebhaberei hinaus ist, wird bald beginnen, Sukkulenten nach bestimmten Gesichtspunkten zu sammeln, ohne dabei natürlich den persönlichen Geschmack oder eine bestimmte Vorliebe außer acht zu lassen. Vor allem müssen die Kakteen nach Größe, Form und Lebensansprüchen zusammengestellt werden, damit zuerst einmal ihr Wohlbefinden und dadurch ein zufriedenstellendes Wachsen und Blühen gewährleistet ist. Erfahrene Kakteenfreunde sammeln einzelne Gattungen, manche Kakteen bestimmter Herkunftsgebiete, etwa Wüstenbewohner, Waldbewohner, »Afrikaner« oder »Mexikaner«; niemals aber wird das Zusammenstellen einer Sammlung völlig dem Zufall überlassen, weil die Ansprüche all dieser sukkulenten Gewächse doch recht unterschiedlich sind.

Die meisten Kakteen wachsen in ihrer Heimat in der sengenden Glut einer unbarmherzigen Sonne, in bitterkalten Nächten und in ausgedörrten Böden, die nur während der Regenzeiten im Frühjahr den Pflanzen Wasser und Nährstoffe bieten. Und deshalb sollten alle Kakteen in unseren Wohnungen einen hellen und sonnigen Platz erhalten und im Sommer natürlich im Freien aufgestellt werden. Entsprechend den heimatlichen Lebensbedingungen darf – von Ausnahmen wie den Weihnachtskakteen abgesehen – der Überwinterungsraum nicht zu warm sein. Außerdem sind bestimmte Pflegemaßnahmen zu beachten, die das oft beklagte Nichtblühenwollen verhindern. Mehr über Kakteen steht auf den Seiten 90 bis 97.

In einem Blumenfenster (ein Balkonkasten aus Ton leistet gute Dienste) lassen sich mit Steinen und Sand kleine »Landschaften« zusammenstellen, die die Illusion ihrer tropischen Heimat auf eine reizvolle Weise vermitteln.

Das Wachstum hält sich in Grenzen – von einigen hochwachsenden Euphorbien abgesehen –, so daß im kleinsten Blumenfenster, auf einer noch so schmalen Fensterbank, ja selbst in einem Miniatur-Zimmergewächshaus die verschiedensten Arten Platz finden und dort ein ganzes Menschenleben lang ausharren.

Für die Kakteensammlung der Anfänger wie auch der Experten sind einige Gattungen geradezu unentbehrlich: *Gymnocalycium*, *Echinopsis*, *Lobivia*, *Parodia* und die *Rebutia*-Arten. Schon als junge Pflanzen blühen: *Mammillaria*, *Echinocereus*, *Coryphantha* und *Thelocactus*. Man sollte sich diese Namen merken und nicht »irgendwelche« Kakteen kaufen, die die Erwartungen dann nicht erfüllen.

1 Säulenkaktus, *Cleistocactus strausii*

2 Seeigelkaktus, *Echinopsis eyriesii*

3 Felsenkaktus, *Cereus peruvianus*

4 Aasblume, *Orbea variegata*, früher auch Ordensstern, *Stapelia variegata*

5 Euphorbie, *Euphorbia*

6 Feigenkaktus, *Opuntia microdasys*

7 Rebutie, *Rebutia*

8 Lebende Steine, *Lithops*

9 Warzenkaktus, *Mammillaria*

10 Goldkugelkaktus, *Echinocactus grusonii*

11 Blattkaktus, *Epiphyllum*-Hybride

12 Korallenkaktus, *Rhipsalis*

13 Schlangenkaktus, *Aporocactus flagelliformis*

14 Weihnachtskaktus, *Schlumbergera* (früher *Epiphyllum*)

Anspruchslose Zimmerpflanzen

Unermüdlich wachsend und blühend, überstehen diese Unverwüstlichen die oft recht schwierigen Lebensbedingungen im Zimmer. Der allgegenwärtige Staub kann ihnen genausowenig anhaben wie wechselnde Temperaturen oder Zugluft.

Manche, wie die Schusterpalme (*Aspidistra*) oder der Russische Wein (*Cissus antarctica*), wachsen selbst in lichtunbegünstigten, dunklen Ecken. Andere wiederum sind wahre Durstkünstler: der Bogenhanf und die große, artenreiche Schar der Kakteen und anderen Sukkulenten.

Muster an Bescheidenheit sind die Klivien und Zimmerlinden, die im Zimmer bei einigermaßen erträglichen Lebensumständen steinalt werden können und die die Treue ihrer Pfleger alljährlich mit vielen hübschen Blüten lohnen. Auf der Fensterbank des bequemen Blumenfreundes, der sich auf anspruchslose Zimmerpflanzen »spezialisiert«, fehlen auch Blütenpflanzen nicht. Das seinen Namen mit Recht tragende Fleißige Lieschen (*Impatiens*) wetteifert in Reichblütigkeit und Blühdauer mit der Becherprimel (*Primula obconica*). Das Zypergras (*Cyperus*), der Zimmerhafer (*Billbergia*), der unermüdlich blühende Christusdorn (*Euphorbia milii*) und der Zimmerhopfen (*Beloperone*) sorgen für nicht alltägliche Blüten.

In Ampeln und am Spalier ist Platz für die vieltriebigen und schnellwachsenden Tradeskantien, die Rautenblättrige Klimme (*Cissus rhombifolia*), den Russischen Wein (*Cissus antarctica*) und den Kletterphilodendron (*Philodendron scandens*).

Auch einige »Zimmerbäume« verdienen das Prädikat anspruchslos und pflegeleicht, wie etwa das Fensterblatt (*Monstera*), die Birkenfeige (*Ficus benjamina*) und die Zimmerlinde (*Sparmannia*) mit ihren großen, samtweichen Blättern und den hübschen weißen Blüten.

Für Farbe unter den Pflegeleichten sorgen die vielen Sorten der Buntnesseln (*Coleus*), die Licht brauchen, um das Farbenfeuerwerk ihrer bunten Blätter zu entfalten, und die für dauerhaftes Blühen zuständigen Fleißigen Lieschen. Sie blühen unaufhörlich an hellen wie an lichtunbegünstigten Plätzen und sogar in Balkon- und Fensterkästen. Es empfiehlt sich, von den Buntnesseln und Fleißigen Lieschen alljährlich durch Stecklinge für Nachwuchs zu sorgen, der die älteren, unansehnlich gewordenen Pflanzen ersetzen kann.

Die Widerstandsfähigkeit dieser Pflanzen gegen die Unannehmlichkeiten des Zimmerpflanzenlebens sollte aber nicht auf eine zu harte Probe gestellt werden. Es sind ja keine Testpflanzen für ungünstige Lebensbedingungen, sondern gleichberechtigte Mitglieder der großen Zimmerpflanzenfamilie. So wachsen und blühen sie, wie die Anspruchsvollen Arten, viel besser bei sorgfältiger Pflege, bei gleichmäßigen Temperaturen, ausreichender Feuchtigkeit und Düngenahrung, bei guten Lichtverhältnissen und all den kleinen Dingen, die das Wohlbefinden der Pflanzen im Zimmer erhöhen. Wer jedoch glaubt, keine »glückliche Hand« bei Zimmerpflanzen zu besitzen, sollte es einmal mit diesen Zimmerhelden versuchen, die schon oft den Weg zu erfolgreicher und befriedigender Blumenpflege wiesen.

1 Grünlilie, *Chlorophytum*
2 Strauchbegonie, *Begonia-*Corallina-Hybride
3 Fleißiges Lieschen, *Impatiens*
4 Klivie, *Clivia*
5 Zimmerhafer, *Billbergia*
6 Fleißiges Lieschen, *Impatiens*
7 Schusterpalme, *Aspidistra*
8 Buntnessel, *Coleus*
9 Zimmerlinde, *Sparmannia*

... genügsam und bescheiden sind auch

Lanzenrosette, *Aechmea*
Zierspargel, *Asparagus*
Zimmerhopfen, *Beloperone*
Zwergpalme, *Chamaerops*
Russischer Wein, *Cissus antarctica*
Rautenblättrige Klimme, *Cissus rhombifolia*
Geldbaum, *Crassula ovata*
Zypergras, *Cyperus*
Drachenbaum, *Dracaena*
Efeuaralie, x *Fatshedera*
Elefantenohr, *Haemanthus*
Kakteen und andere Sukkulenten
Becherprimel, *Primula obconica*
Usambaraveilchen, *Saintpaulia*
Bogenhanf, *Sansevieria*
Strahlenaralie, *Schefflera*
Bubiköpfchen, *Soleirolia*
Tradeskantie, *Tradescantia*

Zimmerpflanzen für Ampeln und »grüne Wände«

Die Lieblinge vieler Zimmergärtner sind die rankenden, kletternden oder herabhängenden Blatt- und Blütenpflanzen. Auf ihrem oft »luftigen« Standort kommen sie besonders gut zur Geltung. Sie sind vielseitig als Raumschmuck zu verwenden und wachsen, richtig geführt, kreuz und quer an der Wand oder gar als Trennwand mitten durch das Zimmer. »Grüne Wände« und ein reizvolles Pflanzenleben zwischen Regalen, Büchern und Bildern können auf diese Weise entstehen. Durch die besondere Art ihres Wachstums sind sie völlig unabhängig von den allgemein üblichen Stammplätzen der »aufrechten« Zimmerpflanzen, von Blumenbank und Fensterbrett.

Aber auch am Fenster, entweder zusammen mit den Aufrechten oder ganz unter sich, bildet die vielgestaltige Schar der Kletterer und Ranker prächtige Pflanzengemeinschaften, die dank der Schnellwüchsigkeit vieler Arten und Gattungen fast tropisch-exotische Ausmaße annehmen können. Unentbehrliche Helfer dabei sind Bast und Bambus in Form von Klettergerüsten, Ampeln, Wandgefäßen oder dem so wichtigen Bastteppich, der die Tapete vor Wasserflecken schützt.

Die Kletterfeige (*Ficus pumila*) hält sich als Wurzelkletterer selber fest: an Moosstämmen, Holzgittern, überhaupt an allem, was man ihr anbietet. In geschlossenen Blumenfenstern und Gewächshäusern begrünt sie stützenlos ganze Wände.

Die Bekanntschaft mit Hänge- und Kletterpflanzen kann von langer Dauer sein, wenn man ihre Lebensansprüche sorgfältig beachtet, deren Erfüllung erst gutes Gedeihen und zufriedenstellendes Wachstum garantieren. Viele dieser lianenartig wachsenden Pflanzen sind denkbar anspruchslos und klettern, daß es nur so eine Freude ist, und das bei ungünstigen Lebensbedingungen, die andere Pflanzen in die Knie zwingen oder zumindest ihr Wachstum beeinträchtigen würden.

Zu diesen Unverwüstlichen gehören die Jungfernreben, die Klimmen und natürlich die beiden Aronstabgewächse Efeutute (*Epipremnum*) und Kletterphilodendron (*Philodendron scandens*). Das herausragende Merkmal aber ist ein bewunderungswürdiges Wachstumstempo, ganz gleich, ob diese Lianen an Spalieren ranken oder von der luftigen Höhe einer Ampel ihre Triebe frei und ungebändigt herunterhängen lassen.

Für Blüten an unserer grünen Wand sorgen eine ganze Reihe ausdauernder Gewächse, aber auch einige Blütenpflanzen, die hier ihr blütenschönes »einjähriges« Leben führen, wie etwa die Zimmer-Glockenblumen (*Campanula isophylla*). Die exotischen Schamblumen und die mit ihnen verwandten Kolumneen sind für tropisch-extravagante Blüten zuständig.

Aber auch die Bougainvilleen gehören zu den Rankpflanzen. Wenn sie älter geworden sind, zeigen sie auch im Zimmer und auf dem Balkon wie in den Mittelmeerländern ihre beeindruckende Wachstumskraft und Blütenschönheit. Ein Rückschnitt wird hier dann und wann schon einmal nötig sein.

Die Freunde von Kakteen und anderen Sukkulenten kommen auf ihre Kosten mit den *Rhipsalis*-Arten, deren weiße, gelbliche oder rosa Blütchen im Winter erscheinen. Danach werden sie zu kleinen weißen, runden Kügelchen: daher auch der Name Korallenkaktus. Die Korallenkakteen eignen sich besonders gut für Ampeln und blühen auch an lichtunbegünstigten Zimmerplätzen.

1 Tongkingwein, *Tetrastigma voinierianum*

2 Kolumnee, *Columnea*

3 Glockenblume, *Campanula isophylla*

4 Tradeskantie, *Tradescantia*

5 Purpurtute, *Syngonium*

6 Efeu, *Hedera*

7 Passionsblume, *Passiflora racemosa*

8 Wachsblume, *Hoya*

9 Hängebegonie, *Begonia limmingheana*

... für den gleichen Zweck eignen sich auch

Schamblume, *Aeschynanthus*
Doldenrebe, *Ampelopsis*
Hängebegonien, *Begonia foliosa, B. glabra*
Hängende Knollenbegonie *Begonia*
Bougainvillee, *Bougainvillea*
Klimmen, *Cissus discolor, C. njegerre, C. rhombifolia, C. sicyoides*
Efeutute, *Epipremnum*
Kletterfeigen, *Ficus pumila, F. radicans*
Gynure, *Gynura*
Passionsblume, *Passiflora*
Jungfernrebe, *Parthenocissus*
Baumfreund, *Philodendron scandens, P. erubescens, P. elongatum, P. pedatum*
Pfeffer, *Piper*
Judenbart, *Saxifraga stolonifera*
Gefleckte Efeutute, *Scindapsus pictus*
Kranzschlinge, *Stephanotis*
Zebrakraut, *Tradescantia zebrina*

Zimmerpflanzen mit bunten Blättern

Es sind nicht die Blüten allein, die Farbe, Leben und Abwechslung in den grünen Reigen der Zimmerpflanzen bringen. Viele tragen ein buntes Blätterkleid, das allein schon das Anschauen wert ist. Manche, wie die Lanzenrosette (*Aechmea*), die Schönmalve (*Abutilon*), die Strauchbegonien, der Bogenhanf oder die bescheidene Grünlilie (*Chlorophytum*) – um nur einige zu nennen –, krönen ihr farbenfrohes Aussehen noch durch reizvolle Blüten.

Die weißen und gelben Farbtöne überwiegen und lockern das Grün der anderen Blattpflanzen durch helle, freundliche Akzente wirkungsvoll auf. Deshalb sollten neben den »Immergrünen« immer einige »Buntblättrige« stehen, natürlich möglichst nur in Gesellschaft mit Gleichgesinnten, also Artgenossen mit gleichen Ansprüchen an Licht, Wasser, Wärme, Ruhezeit und Ernährung.

Das Licht ist für alle Zimmerpflanzen mit bunten Blättern von besonderer Bedeutung; in dunklen Ecken verlieren sie bald ihre Farbe und sehen blaß und traurig aus. Auch stehen die meisten gerne etwas wärmer als ihre grünen Vettern. Ja, sie sind oft in direkter Linie miteinander verwandt: Der Gärtner spricht dann von weißbunten Formen der Stammart, zum Beispiel bei Efeu, Wachsblumen, Zwergpfeffer, Aralien, Gummibäumen und vielen anderen mehr. Der Botaniker nennt diese Buntblättrigkeit Panaschierung und führt sie auf die fehlende Ausbildung von Chlorophyll an einzelnen Stellen der Blätter zurück. Wer genau hinschaut, kann die unterschiedliche Färbung der Blätter erkennen: Einmal erscheinen die Flecken nur am Rande, dann wieder verfärben sich die Blattausschnitte, oder die Farbtupfer verteilen sich unregelmäßig, aber doch in einer bestimmten, reizvollen Harmonie über das ganze Blatt.

Die schönsten »Panaschierten« haben die Feigenbäume zu bieten. Da ist vor allem die Birkenfeige *Ficus benjamina* 'Starlight' zu nennen, die schönste Birkenfeige, die es je gegeben hat. Ihre Blätter sind so stark gelbweiß gefärbt, daß die grüne Farbe kaum zu sehen ist.

Nicht weniger attraktiv sind die Dieffenbachien, die sich mit großen, breiten, hübsch weiß oder gelblich gefleckten oder gestrichelten Blättern präsentieren. Noch viel zu wenig bekannt ist die buntblättrige Pisonie, *Pisonia umbellifera* 'Variegata'. Das ist schade, weil diese aufrechtwachsende Pflanze mit ihren großen, cremegelb, grau oder weißgrün gefärbten Blättern eine echte Bereicherung des Zimmerpflanzensortiments darstellt.

Auch unter den Kakteen und anderen Sukkulenten findet der Blumenfreund Arten und Sorten mit weißbunten Pflanzenkörpern, wie etwa die auch in Hydrokultur erhältliche *Euphorbia erythraeae*. Nirgendwo kommen soviel neue Sorten hinzu wie bei den panaschierten Zimmerpflanzen.

Besonders begehrenswert aber sind natürlich die ganz Bunten, die mit einiger Berechtigung die Panaschierten etwas von oben herab ansehen. Sie gewinnen in diesem Blätterreigen mit der Farbenpracht ihrer roten, braunroten, rosa oder gelblichweißen Blätter wohl jede Schönheitskonkurrenz: allen voran der Kroton, dann die Keulenlilie und die formenreiche Buntnessel (*Coleus*). Darüber hinaus leisten ihnen noch viele weitere blattbunte Pflanzen Gesellschaft, deren Entdeckung und Pflege immer wieder Freude macht.

1 Stachelspelze, *Oplismenus*
2 Japanischer Spindelbaum, *Euonymus japonica*
3 Drachenbaum, *Dracaena deremensis*
4 Marante, *Maranta*
5 Glanzkölbchen, *Aphelandra*
6 Lanzenrosette, *Aechmea fulgens*
7 Kanonierblume, *Pilea cardierei*
8 Kroton, *Codiaeum*

... mit bunten Blätter schmücken sich ebenfalls

Schönmalve, *Abutilon*
Doldenrebe, *Ampelopsis*
Blatt- und Strauchbegonien *Begonia*
Buntwurz, *Caladium*
Grünlilie, *Chlorophytum*
Buntnessel, *Coleus*
Keulenlilie, *Cordyline*
Dieffenbachie, *Dieffenbachia*
Efeutute, *Epipremnum*
Gynure, *Gynura*
Efeu, *Hedera*
Schraubenbaum, *Pandanus*
Jungfernrebe, *Parthenocissus*
Zwergpfeffer, *Peperomia*
Pfeffer, *Piper*
Sanchezie, *Sanchezia*
Bogenhanf, *Sansevieria*
Tradeskantie, *Tradescantia*
Zebrakraut, *Tradescantia zebrina*

Im Winter blühende Zimmerpflanzen

Für den Blumenfreund gibt es die strenge Trennung der Jahreszeiten schon lange nicht mehr. Auf Tisch und Fensterbrett blüht und grünt es im Frühjahr und Sommer, im Herbst wie im Winter. Vor allem in den dunklen Wintermonaten erfreuen uns viele prächtige Topfpflanzen, die – der Kälte und dem Eis zum Trotz – unsere Wohnungen mit fröhlichem Blütenleben erfüllen.

Der vielgeliebte Topfblumen-Star Alpenveilchen, die blütenschönen Azaleen, die Weihnachtssterne mit roten, rosa, gelben, weißen und bunt gefleckten Hochblättern, die stolzen und vornehmen Kamelien, die anspruchslosen, aber doch so blühfreudigen Topfprimeln, die zierlichen Lorraine-Begonien nehmen der dunklen Jahreszeit viel von ihrer Trostlosigkeit. Auch der Weihnachtskaktus öffnet jetzt seine Knospen, einige Ananasgewächse (Bromelien) bezaubern durch ihre exotischen Blüten, und die vielen hübschen »angetriebenen« Blumenzwiebeln duften und blühen um die Wette.

So ist der Blumentisch im Winter immer reich gedeckt. Wer jedoch eine anhaltende Freude mit diesen Blumengästen erleben will, tut gut daran, ihre Pflegewünsche aufmerksam zu erfüllen. Viele dieser Winterblüher sind »kühle Schönheiten«, denen hohe Temperaturen schwer zu schaffen machen. Das gilt vor allem für Alpenveilchen und Azaleen, die es in überheizten Räumen mit dem Blühen allzu eilig haben und deren Wachstum zu unserem Kummer dann bald zu wünschen übrigläßt.

Auch die Kamelie hat es gerne kühl. Weil sie etwas Besonderes darstellt, ist sie mit ihren edel geformten, roten, weißen oder zweifarbigen Blüten und lackglänzenden Blättern so etwas wie eine Winterblume ersten Ranges. Sie blüht so schön wie Orchideen, von denen Gärtner und Floristen im Winter viele prächtige Arten sowohl als Schnittblumen wie auch als stubenfeste Topfpflanzen anbieten.

Zuständig für Superlative ist auch der Ritterstern, dessen riesengroße Blüten man den ganzen Winter hindurch bewundern kann. Zimmerazaleen gibt es in vielen neuen wunderschönen Farben, in strahlendem Weiß wie in zartem oder kräftigem Rosa. Andere erstrahlen in leuchtendem Karmin- oder in feurigem Dunkelrot, allesamt Farben, die einfach begeistern müssen. Ganz vorn in der Gunst der Blumenfreunde stehen die zweifarbigen, meist rosa-weißen Sorten in mehreren, fein aufeinander abgestimmten Farbnuancen.

Für sie, aber auch für Hyazinthen, Tulpen, Narzissen und Krokusse gilt es, ein kühles Plätzchen zu finden, um den Blütenflor zu verlängern und die Pflanzen bei guter Laune zu halten. Begehrte Aufenthaltsorte sind mäßig geheizte Räume jeder Art; zumindest sollten all diese Winterblüher möglichst weit vom nächsten Heizkörper entfernt werden. Keinesfalls dürfen sie aber in einer lichtarmen, dunklen Ecke stehen, da sonst die Farbe der Blüten Glanz, Leuchtkraft und Intensität verlieren würde. Für Schutz vor Zugluft ist selbstverständlich ebenfalls zu sorgen.

Zu den Winterblühern gesellt sich noch eine Reihe von Pflanzen, die ganzjährig blühen, allerdings zwischendurch ein paar Blühpausen einlegen wie Strauchbegonien (siehe S. 44), Leuchterblumen (*Ceropegia*), Zitrusbäumchen (*Citrus* und x *Citrofortunella*), Christusdorn (*Euphorbia milii*), Einblatt (*Spathiphyllum*) und eine ganze Reihe Tillandsien.

1 Lorraine-Begonie, *Begonia* 'Gloire de Lorraine'

2 Weihnachtsstern, *Euphorbia pulcherrima*

3 Becherprimel, *Primula obconica*

4 Azalee, *Rhododendron*

5 Alpenveilchen, *Cyclamen*

6 Ritterstern bzw. Amaryllis, *Hippeastrum*

7 Hyazinthen, *Hyacinthus*

8 Guzmanie, *Guzmania lingulata*

9 Kissenprimel, *Primula vulgaris*

10 Kamelie, *Camellia*

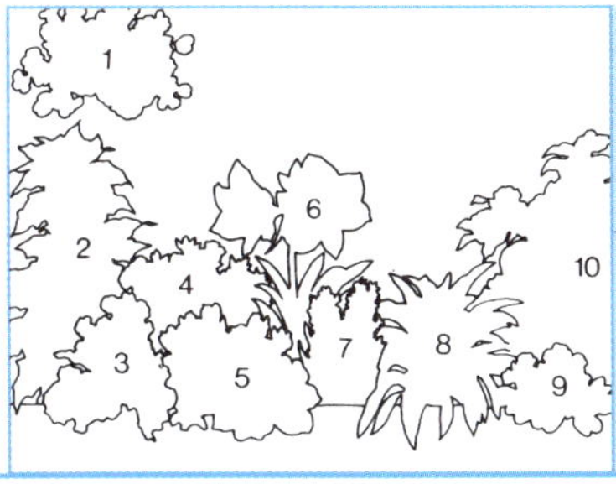

... im Winter blühen außerdem

Lanzenrosette, *Aechmea*
Jacobinie, *Jacobinia pauciflora*
Flammendes Käthchen, *Kalanchoë*
Glücksklee, *Oxalis deppei*
Fliederprimel, *Primula malacoides*
Chinaprimel, *Primula praenitens (früher P. sinensis)*
Korallenkaktus, *Rhipsalis*
Zimmerkalla, *Zantedeschia aethiopica*
Usambaraveilchen, *Saintpaulia*
Weihnachtskaktus, *Schlumbergera*
Veltheimie, *Veltheimia*
Vrisee, *Vriesea*

Zimmerpflanzen für kühle Räume

Wie das Licht, so spielt auch die Temperatur im Leben unserer Zimmerpflanzen eine große und wichtige Rolle. Gleichmäßige Temperaturen werden von allen Pflanzen immer wohltuend empfunden, gleich, ob sie die Wärme lieben und brauchen oder einen kühlen Platz bevorzugen.

Immerhin sind die Ansprüche der Zimmerpflanzen recht unterschiedlich, und es wäre fast lebensgefährlich, würde man sie traulich nebeneinander den gleichen Temperaturen aussetzen. Vor allem im Winter und in den Übergangsmonaten, im Frühjahr und im Herbst, heißt es aufpassen, daß sich unsere grünen Hausgenossen keine Erkältung zuziehen. Für viele ausdauernde, langlebige Blatt- und Blütenpflanzen ist die Winterzeit gleichbedeutend mit einer wachstumsstärkenden, gesunderhaltenden Ruhepause, in der sie gerne ein wenig kühler stehen als in den anderen Jahreszeiten.

Diese wohlverdiente Ruhezeit, in der weniger gegossen und nicht mehr gedüngt wird, ist natürlich in einem überheizten Zimmer undurchführbar, weil dann die Pflanzen reichlich Wasser verlangen und dadurch weiter wachsen müßten.

Überhaupt macht die Zentralheizung mit ihren hohen Temperaturen und der ständig trockenen Luft den Pflanzen schwer zu schaffen. Elektrische Luftbefeuchter oder ein ständiges Abspritzen der Blätter und Triebe mit feindüsigen Spritzbällen oder Wasserzerstäubern helfen zwar ein wenig über die Trockenperioden der Luft hinweg, reichen aber für manche Zimmerpflanzen nicht aus, den Heizungswidrigkeiten unbeschadet aus dem Wege zu gehen.

Einige Zimmerpflanzen, die vor wenigen Jahrezehnten noch auf Blumenbank und Fensterbrett zu sehen waren, sind aus diesen Gründen heute kaum noch anzutreffen, obwohl sie sich mittlerweile auch an trockene Heizungsluft gewöhnt haben. Es wäre auch zu schade, müßte man auf Zimmertannen oder Myrten verzichten. Es empfiehlt sich allerdings, diese kühlen Schönheiten fern von den Heizungskörpern aufzustellen oder ihnen in der Wohnung irgendwo ein kühles Plätzchen zu suchen. Ja, viele der schönsten Blütenpflanzen wie Alpenveilchen, Topfheide (*Erica gracilis*), Kamelie, Hortensie, Azalee, Fleißiges Lieschen (*Impatiens*), Cinerarie und alle Topfprimeln freuen sich, wenn das Thermometer nicht zu sehr in die Höhe klettert und bedanken sich für niedere Wärmegrade durch eine längere Blütezeit. Ein idealer Aufenthalt für viele Zimmerpflanzen ist das Schlafzimmer, weil es weniger geheizt wird. Die Pflanzen geben außerdem diesem Raum mehr Atmosphäre und bieten eine Vielfalt grüner Gestaltungsmöglichkeiten.

Übrigens sind die Befürchtungen, daß man mit Pflanzen schlechter schläft und daß Palmen und Alpenveilchen gar schädlich sind, unbegründet und gehören ins Reich des Aberglaubens. Im Gegenteil: Pflanzen setzen tagsüber Sauerstoff frei und fühlen sich dort besonders wohl, wo die Luft mit Kohlendioxid angereichert ist, sorgen also für eine ständige Verbesserung der Atemluft und nebenbei für Luftfeuchtigkeit. Mediziner weisen darauf hin, daß sauerstoffreiche Luft im Schlafzimmer besonders wichtig ist. Während des Schlafens sind nämlich alle notwendigen Körperfunktionen herabgesetzt, und auch die Atmung wird flacher und langsamer. Eine ausreichende Sauerstoffversorgung ist deshalb sehr wichtig.

1 Birkenfeige, *Ficus benjamina*

2 Cinerarie, *Senecio*-Cruentus-Hybride

3 Saumfarn, *Pteris*

4 Hortensie, *Hydrangea*

5 Pantoffelblume, *Calceolaria*

6 Myrte, *Myrtus*

7 Efeu, *Hedera helix* ssp. *canariensis*

8 Judenbart, *Saxifraga stolonifera*

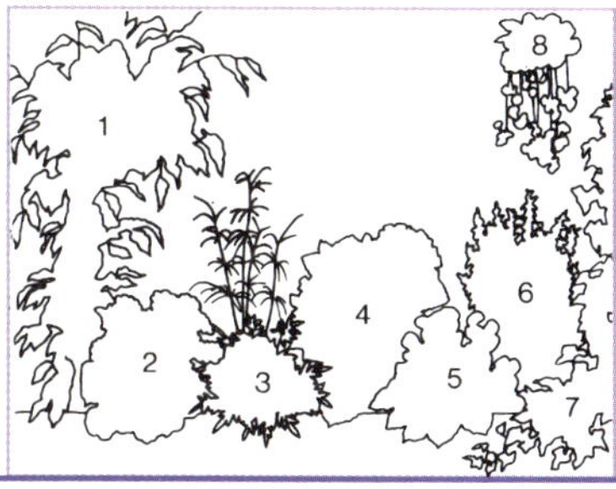

... auch sie wachsen und blühen in kühlen Räumen

Zimmertanne, *Araucaria*
Schusterpalme, *Aspidistra*
Zimmerhafer, *Billbergia*
Kamelie, *Camellia*
Glockenblume, *Campanula isophylla*
Russischer Wein, *Cissus antarctica*
Rautenblättrige Klimme, *Cissus rhombifolia*
Grünlilie, *Chloropyhtum*
Klivie, *Clivia*
Topfheide, *Erica gracilis*
Efeuralie, x *Fatshedera*
Aralie, *Fatsia*
Fleißiges Lieschen, *Impatiens*
Flammendes Käthchen, *Kalanchoë*
Passionsblume, *Passiflora*
Becherprimel, *Primula obconica*
Chinaprimel, *Primula praenitens* (früher *P. sinensis*)
Bubiköpfchen, *Soleirolia*

Der Epiphytenstamm und seine Pflanzen

Blumenfreunde mit einer Vorliebe für Bewohner tropischer Zonen siedeln exotische Pflanzen gerne auf einem Epiphytenstamm an, der den heimatlichen Gewohnheiten dieser als Aufsitzer auf Bäumen lebenden Pflanzen fast originalgetreu entspricht. Ein Epiphytenstamm, der aus einem möglichst stark verzweigten, grobrindigen Robinien-, Holunder-, Eichen-, Pflaumen- und Weidenast besteht, kann im Blumenfenster genauso wie freistehend irgendwo im Zimmer Aufstellung finden. Sein Fuß wird in einer recht geräumigen Pflanzenschale eingegipst und seine von Pflanzen gewichtig beladenen Äste am besten noch an der Wand festgebunden. Zierkork umhüllt die Töpfe oder die Wurzelballen der hoch über dem Fußboden lebenden Pflanzen, kann auch schwachen und allzu glatten Zweigen ein bizarres Aussehen verleihen und gleichzeitig noch die Unterbringungsmöglichkeiten für weitere Pflanzen schaffen.

Die reizvollsten und »echtesten« Bewohner dieses Zimmerurwaldes sind in der vielgestaltigen Familie der Ananasgewächse zu suchen. Vor allem die abwechslungsreichen Tillandsien, deren wunderhübsche Blattzeichnung (einige wirken auch durch Blüten) fasziniert, sind unentbehrlich für jeden Epiphytenstamm. Ihre wenigen Wurzeln, in Sphagnum-Moos gehüllt und fest mit Draht umwickelt, lassen die Befestigung in der Astgabel des Stammes außerhalb noch leicht und bequem werden.

Dieses schmale kleine Wurzelbett wird während der Hauptwachstumszeit von Frühjahr bis Herbst 2–3mal in der Woche mit Wasser besprüht. Man kann auch die Pflanzen vom Stamm herunternehmen und sie in einen Eimer Wasser tauchen. Tillandsien, das ist wichtig zu wissen, müssen öfter als andere Pflanzen besprüht werden, am besten täglich, bei hohen Zimmertemperaturen im Winter sogar mehrmals am Tag.

In die Schale pflanzen wir noch einige fleißige Kletterer wie Jungfernreben, Klimmen und andere Lianen, die mit Tempo und Wachstumslust unseren selbstgebastelten Urwaldbaum beranken und die Illusion eines natürlichen, üppigen, tropischen Pflanzenlebens vollständig machen.

Dafür sorgen auch die hübschen Korallen- oder Binsenkakteen (*Rhipsalis*), meist zarte Pflanzengestalten, die fast alle im Winter blühen. Aus den Blüten werden kleine, oft durchsichtige Früchte, die dieser Gattung den Namen Korallenkaktus einbrachten. Es lohnt sich, mit diesen in vielen Arten erhältlichen, epiphytisch lebenden Kakteen Freundschaft zu schließen.

Um den Charakter dieser Vegetation noch deutlicher werden zu lassen, stellen wir unten an den Epiphytenstamm noch einige »bodenbedeckende« Pflanzen, die auch in ihrer Heimat zu Füßen der Bäume leben. Einige »Bodendecker« sind sicher in jedem normalen Zimmerpflanzenhaushalt vorhanden, wie zum Beispiel Bubiköpfchen, Efeu oder Tradeskantien.

Viele der schönsten Orchideen, wie *Cattleya*, *Cymbidium*, *Phalaenopsis* und *Dendrobium*, leben in ihrer Heimat als Aufsitzer, können also auch auf einem Epiphytenstamm gesetzt werden. Zu ihnen passen neben Bromelien sehr gut auch Farne wie etwa der Geweihfarn und der Nestfarn.

- **1** Efeuralie, x *Fatshedera*
- **2** Nestananas, *Neoregelia carolinae* 'Tricolor'
- **3** Guzmanie, *Guzmania lingulata*
- **4** Kranzschlinge, *Stephanotis*
- **5** Vriesee, *Vriesea splendens*
- **6** Lanzenrosette, *Aechmea*
- **7** Vriesee, *Vriesea platynema*
- **3** Papageien-Vriesee, *Vriesea psittacina*
- **9** Tillandsie, *Tillandsia cyanea*
- **10** Louisianamoos, *Tillandsia usneoides*
- **11** Erdstern, *Cryptanthus zonatus*
- **12** Tillandsie, *Tillandsia*-Hybride
- **13** Verschiedene Erdsterne, *Cryptanthus*
- **14** Schamblume, *Aeschynanthus parasiticus*
- **15** Flamingoblume *Anthurium*-Scherzerianum-Hybride
- **16** Korbmarante, *Calathea*

... reizvolle Epiphytenstamm-Bewohner sind auch

Alle Ananasgewächse (»Bromelien«) wie *Aechmea, Neoregelia, Billbergia, Guzmania, Nidularium, Tillandsia* und *Vriesea*. Dazu Orchideen wie *Cattleya, Cymbidium, Phalaenopsis* und *Dendrobium.*

Alle Ranker und Schlinger wie: Efeutute, Efeu, Klimmen, Kletterfeige, Wachsblume, Kranzschlinge, Passionsblume, Bougainvillee, *Begonia limmingheana*, Korallenkaktus und Judenbart.

Als Bodendecker sind zu empfehlen: Bubiköpfchen, Buntnesseln, Fittonien, Kanonierblumen, Moosfarne, Zwergpfeffer, Tradeskantien.

Zimmerpflanzen von A bis Z

Abutilon-Hybride

Schönmalve
Abutilon

Die Schönheit ihrer Blätter und Blüten und ihre Anpassungsfähigkeit an die einem ständigen Wechsel unterworfenen Lebensbedingungen im Zimmer stellen die Schönmalve in die vorderste Reihe empfehlenswerter Zimmerpflanzen. Der lockere Wuchs dieses Strauches, seine samtig-weichen, grünen oder gelb marmorierten Blätter und die hübschen Blütchen sind eine wahre Augenweide. Nicht weniger reizvoll ist *A. megapotamicum*, mit grünen oder gelbbunten Blättern und roten oder gelbbunten Laternenblütchen. Für Ampeln geeignet.

Schönmalven blühen zwar vornehmlich im Frühjahr und im Sommer, bei guter Ernährung jedoch erscheinen die Blüten fast das ganze Jahr über. Sie wachsen zufriedenstellend in jeder abgepackten Blumenerde. Dankbar sind sie für eine von März bis August regelmäßig durchgeführte Düngung.

Das Wohlbefinden der Schönmalven fördert außerdem ein möglichst heller, ja sonniger Standort im Zimmer, der im Sommer durch einen Platz auf dem Balkon oder der Terrasse ausgetauscht wird. Gegossen wird regelmäßig, vor allem an warmen Tagen; im Winter dagegen sind die Wassergaben einzuschränken. Für das Abwerfen von Blättern und Blüten ist mangelhafte Ernährung, zu dunkler Stand oder zu schroffer Temperaturwechsel zu Beginn der Heizperiode im Herbst verantwortlich. – Vermehrung durch Kopfstecklinge im Frühjahr, die beim Rückschnitt (um ein Drittel) entstehen. Auch Aussaat ist möglich.

Schiefteller
Achimenes

Eine Laune der Natur stattete dieses reizende Gesneriengewächs mit schief stehenden Blüten aus, was ihm den Namen Schiefteller einbrachte. Angeboten werden überwiegend die *A.*-Hybriden, die uns durch ihre reiche Blüte erfreuen.

Viel Licht braucht diese hübsche Pflanze, die nach der Blüte verwelkt und wie eine

Achimenes-Hybriden

Adiantum raddianum

Zwiebelblume im zweiten Frühjahr erst wieder mit röhrenförmigen, hübsch gesäumten Blüten zu neuem Leben erwacht. Die Farbskala dieser charmanten Blütenschönheit reicht von Weiß über Rosa und Rot bis zum tiefen Violett. Von Juni bis September dauert der überreiche Blütenflor, bis sich die Pflanze zur Ruhe setzt. Sie wird dann nicht mehr gegossen und völlig trocken im Topf überwintert.

Im Februar schüttet man die Erde aus und legt die kleinen Wurzelknöllchen zu dreien, vieren oder fünfen in einen möglichst flachen Topf. Bald zeigen sich an einem warmen, hellen, vor greller Mittagssonne und Zugluft geschützten Platz die ersten Triebe, die anfangs nur vorsichtig mit abgestandenem Wasser besprüht werden dürfen. Gegossen wird am besten über den Untersetzer. Nicht besprühen, da die zarten Blätter sonst fleckig werden. Beim Gießen möglichst abgestandenes und zimmerwarmes Wasser verwenden, sonst gibt es ebenfalls Blattflecken. Von Mai bis September alle 14 Tage düngen. – Vermehrung durch Kopfstecklinge im Frühsommer, die noch im selben Jahr blühen, oder durch Teilung im Frühjahr.

Frauenhaarfarn
Adiantum

Der lockere, leichte Wuchs, die hellgrünen, dichtstehenden Fiederblättchen an den graziösen, zarten Wedeln verhalfen dem *Adiantum* zu einem großen Freundeskreis. Die kleinen Blättchen färben sich bei einigen Arten gelbgrün, bei anderen überraschen die jungen Wedel durch eine hellrote Farbe.

Der Frauenhaarfarn mit seinen duftig-feinen Blättchen will sorgsamer behandelt werden als seine robusteren Vettern aus der Farnfamilie. So darf keine Sonne und kein Wasser die zarten Wedel treffen, die Temperaturen sollen in der Zeit des Wachstums bei 20 °C und in der winterlichen Ruhezeit bei etwa 15 °C (auch wärmer) liegen.

Ständige, aber nie übermäßige Wassergaben und Gleichmäßigkeit von Licht und Temperatur werden verlangt. Steht der Frauenhaarfarn zu dunkel, verblassen die Wedel. Genausowenig verträgt er einen nassen, kühlen Stand. Schwierigkeiten gibt es, wenn der Farn mit Pflanzenschutzsprays besprüht wird. Auch reagiert er allergisch auf zu hohe Düngegaben. Gedüngt wird deshalb von Mai bis September nur alle 4 Wochen mit halb so großen Rationen wie sie andere Pflanzen erhalten. – Vermehrung durch Teilung älterer Pflanzen.

Lanzenrosette
Aechmea

Der Wunsch, Bromelien zu sammeln, entstand oft nach der Bekanntschaft mit diesem blatt- und blütenschönen, exotisch wirkenden und doch problemlosen Ananasgewächs, das selbst trockene Zimmerluft gut verträgt. Es ist faszinierend mitanzusehen, wie aus festen, bedornten, wunderhübsch gezeichneten Blättern ein dicker Schaft mit mehrfarbigen Blütenständen herauswächst. Die Blüte der *Aechmea fasciata* hält über mehrere Monate an, wenn es auch »nur« die prächtigen, mehrfarbigen Hochblätter sind, die uns Freude bereiten. Die eigentlichen Blütchen, klein und bläulich, bleiben nur kurze Zeit am Leben.

Die Standortwünsche sind leicht zu erfüllen. *Aechmea* hat es gerne hell und warm, verträgt auch Sonne, kann also auch am Südfenster stehen. Sie wünscht normale Zimmertemperatur, verträgt aber auch höhere Temperaturen. Im Winter nicht unter 16–18 °C. Aufgepaßt: An einem schattigen Platz verblassen die silbergrauen Querstreifen auf den Blättern.

Die *Aechmea* wird nicht an den Topfrand, sondern mitten in die Blattrosette gegossen. Es ist unbedingt darauf zu achten, daß im Trichter immer etwas Wasser stehen bleibt. In vierwöchentlichen Abständen schwach düngen. Der Topf soll klein sein und eine durchlässige Erde enthalten, die nur angefeuchtet wird. Die Färbung des Blütenstandes hält sich monatelang, dann schneidet man ihn ab; anschließend setzt eine reichliche Kindelbildung ein. – Vermehrung durch Abnahme der Kindel.

Aechmea fasciata

Aeschynanthus speciosus

Schamblume
Aeschynanthus

Aeschynanthen sind direkt verwandt mit den Kolumneen (S. 60) und gehören zu den attraktivsten Ampelpflanzen überhaupt. An lang herabhängenden Zweigen erscheinen auffallende, lebhaft rot bis orangerot gefärbte, in Büscheln sitzende Blüten. Die raschwüchsigen Pflanzen wünschen einen schattigen Platz, gleichmäßige Temperaturen um 18–20 °C. Dankbar zeigt sich die schöne Ampelpflanze für gelegentliches Absprühen.

Gegossen wird regelmäßig, das heißt bei den genannten Temperaturen zweimal die Woche. Für regelmäßiges Besprühen sind Schamblumen sehr dankbar. Es empfiehlt sich, beim Gießen und Sprühen zimmerwarmes, enthärtetes Wasser zu verwenden. Düngerportionen bekommen die Schamblumen von März bis August alle 14 Tage. Beim Umtopfen kann Bromelienerde verwendet werden; da diese Epiphyten sehr lockere Erde lieben, kann man das Substrat auch mit Orchideenerde mischen. – Die Vermehrung der Aeschynanthen erfolgt durch Kopfstecklinge, die nach dem Anwachsen gestützt werden sollten.

Agave
Agave

Die Agaven sind überaus genügsam. Den Winter verleben sie gerne bei Temperaturen, die wir nur im Wintermantel überstehen könnten: bei 4–10 °C. Worunter selbst die abgehärtetste Agave leidet, ist ein dunkler Platz im Keller oder der Garage. Auch hohe Wassergaben machen ihr in den Wintermonaten zu schaffen. Wir feuchten deshalb die Erde nur jede Woche an, damit sie nicht ganz austrocknet.

Nach den Eisheiligen stellen wir die stachligen Gesellen auf den Balkon, die Terrasse oder in den Garten, überall dorthin, wo es luftig und sonnig ist. Dann erhalten die Agaven mäßige, aber regelmäßige Wasserrationen. Sie dürfen auch einmal fast ganz trocken fallen. Von März bis Juli bekommen sie alle 2 Wochen Kakteendünger verabreicht.

Umgetopft werden die Agaven, vor allem die älteren Pflanzen, alle 2–3 Jahre. Solcherart behandelt ergibt das dann prächtige Pflanzen. – Vermehrung durch Kindel.

Agave americana

Kolbenfaden
Aglaonema

Die *Aglaonema* ist eine nahe Verwandte der Dieffenbachie mit meist schmaleren, weißbunten, graugrün gefärbten oder silbrig gezeichneten Blättern. Die meisten Kolbenfäden sind kleiner als Dieffenbachien, blühen auch ständig und tragen Früchte. Für Hydrokultur eignen sie sich besonders gut.

Dieses hübsche Aronstabgewächs gedeiht am besten an einem hellen, halbschattigen Platz und sollte nicht von der Sonne beschienen werden. Die *Aglaonema* wächst gut bei normaler Zimmertemperatur, steht auch gerne wärmer, keinesfalls aber unter 18 °C. Sie braucht einen »warmen Fuß«, man darf sie also nicht auf Fensterbänke aus Stein oder Marmor stellen, und schätzt eine luftfeuchte Atmosphäre; Sprühen ist das ganze Jahr über zu empfehlen. Beim Sprühen und Gießen nur kalkfreies, das heißt abgestandenes, zimmerwarmes Leitungswasser verwenden. Gedüngt wird von April bis September im Abstand von 14 Tagen. Wenn nötig, sollte man im Frühjahr umtopfen, am besten in breite, flache Töpfe. Blüten und Früchte nicht entfernen. – Vermehrung durch Kopf- und Triebstecklinge.

Aglaonema commutatum

Allamanda cathartica

Goldtrompete
Allamanda

Unter den nicht allzu häufigen gelbblühenden Zimmerpflanzen ist die Goldtrompete oder Allamande mit Abstand die blütenschönste. So erfreut uns die Verwandte des Oleander und des Immergrün, je nach Sorte, mit hell- bis goldgelben Trichterblüten, die eine Größe von 5–7 cm im Durchmesser erreichen. Die Pflanzen blühen von Juni bis September und sind wie Bougainvilleen (S. 47) richtige Klettersträucher, ohne im Zimmer die Wände und Tapeten zuzudecken. Sie haben es gerne hell und begnügen sich, allerdings nur im Sommer, auch mit einem halbschattigen Platz. Allamanden wachsen bei normalen Zimmertemperaturen. Nur Zugluft und Temperaturen unter 10 °C in den Wintermonaten behagen ihnen nicht. In der kalten Jahreszeit wird auch weniger gegossen, etwa halb soviel wie in den Wachstumsmonaten März bis Oktober. Dann gibt es auch reichlich Wasser und von März bis August wöchentliche Düngegaben, am besten in flüssiger Form. In dieser Zeit haben es die Allamanden gern, regelmäßig besprüht zu werden, denn Luftfeuchtigkeit fördert ihren Wachstumseifer ungemein.

Die beste Zeit für das Umtopfen liegt in den Monaten Februar bis März. Es empfiehlt sich, mit dem Verpflanzen gleichzeitig einen Rückschnitt der Triebe vorzunehmen. Geschieht das nicht zu spät im Frühjahr, erscheinen an jedem Austrieb neue Blüten. Selbstverständlich werden auch solche Pflanzen geschnitten, die nicht mit dem Umtopfen an der Reihe sind. Licht, aber keine direkte Sonne, Ruhezeit von Oktober bis Februar mit wenig Wasser, ohne Dünger und bei niedrigen Temperaturen, das alles steht auf ihrem Wunschzettel.

In den Wintermonaten kann es passieren, daß die *Allamanda* Blätter verliert. Das ist meist auf zu trockene Luft zurückzuführen. – Vermehrung durch nicht zu weiche Stecklinge im Frühjahr. Die Töpfe auf eine Bodenheizung stellen.

Doldenrebe
Ampelopsis

Über die ganze Erde verbreitet ist die klimmende und rankende Familie der Rebengewächse, die zu den haltbarsten und raschwüchsigsten Kletterpflanzen zählen, die uns zur Verfügung stehen. Fast alle sind unempfindlich gegen Wärme und Lufttrockenheit, und manche wachsen sogar in dunklen Ecken. An unseren Wilden Wein erinnert die Doldenrebe mit ihren Blütenständen und Blättern. Nur, daß bei dieser Zimmerpflanze alles kleiner, zierlicher und farbiger ausgebildet ist. Da gibt es die *Ampelopsis brevipedunculata* 'Elegans' mit herabhängenden, rötlichen Ranken und verschieden geformten Blättern. Die Blätter können rosa oder weiße Flecken und rote Stiele haben; diese Art läßt jedoch im Herbst die Blätter fallen, und deshalb ist uns *Ampelopsis orientalis* lieber. Sie läßt sich wunderbar an Spalieren aufbinden und behält immer ihre Blätter.

Beide Doldenreben mögen keine Sonne, wollen aber hell und, wenn möglich, etwas luftig stehen. Gleichmäßiges Gießen, aber nie übermäßige Feuchtigkeit und eine Ruhezeit im Winter stehen weiterhin auf ihrem Wunschzettel. – Vermehrung durch Stecklinge im Frühjahr und Sommer. Junge Pflanzen nach dem Anwurzeln entspitzen. Stecklinge fallen beim Rückschnitt im Frühjahr an. Nach dem Schnitt färbt sich der Neutrieb besonders schön.

Ampelopsis brevipedunculata var. *maximowiczii* 'Elegans'

Anthurium-Scherzerianum-Hybride

Flamingoblumen
Anthurium

Das bizarre, exotische Aussehen der leuchtend roten, rosa oder weißen »Blüten« läßt die Flamingoblume wie eine kostbare Orchidee erscheinen. Das gilt sowohl für die in Blüte und Wachstum etwas größeren *Anthurium*-Andraenum-Hybriden wie auch für die bekannten, zierlichen *Anthurium*-Scherzerianum-Hybriden. Dabei gehört sie zu der artenreichen Familie der robusten Aronstabgewächse. Und außerdem sind ihre »Blüten« gar keine richtigen Blüten, sondern nur Hochblätter, gleich denen der Kalla (S. 135) oder des Weihnachtssterns.

Die fremdländische Eleganz der Flamingoblume paart sich erfreulicherweise mit Genügsamkeit und willigem Wachstum. Sie paßt sich schnell den Gegebenheiten der Wohnung an, mag keine Sonne, aber viel Licht, um die Blüten recht kräftig ausfärben zu können. Ihr Verlangen nach Nährstoffen ist sehr gering; sie kommt von März bis August mit einer 14 täglichen Düngung völlig aus. Mit dem Wasser darf in der Hauptwachstumszeit allerdings nicht gespart werden. Für eine Verbesserung der Luftfeuchtigkeit durch oftmaliges Sprühen der Blätter ist die Flamingoblume sehr dankbar. Umgetopft wird in Bromelien- oder Orchideenerde. – Vermehrung durch Teilung älterer Pflanzen.

Aphelandra squarrosa

Glanzkölbchen
Aphelandra

Die wunderhübsch geäderten, um eine Mittelachse kreuzförmig angeordneten Blätter sind allein schon prächtig anzuschauen. Sie stellen aber nur den Rahmen für einen auffallenden, an dicke breite Ähren erinnernden Blütenstand dar, an dem sich nach und nach kleine gelbe Blütchen entfalten.

Das Glanzkölbchen lohnt unsere Pflegemühe oft durch ein langes Leben. Die *Aphelandra* liebt Feuchtigkeit und Wärme über alles. Sie steht von Februar bis November gerne hell und dicht am Fenster, aber nur dort, wo sie nicht von sengenden Sonnenstrahlen getroffen wird. Die Gleichmäßigkeit der Temperaturen entscheidet wesentlich über ihr Wohlergehen. Sie sollten durchgehend etwa 20 °C betragen, im Winter genügen jedoch Wärmegrade von 16–18 °C. Lebensverlängernd wirken regelmäßige und reichliche Wassergaben in den Sommermonaten und oftmaliges Abspritzen der Pflanze (2–3 mal wöchentlich).

Für eine Weiterkultur werden die Pflanzen nach der Blüte zurückgeschnitten und umgetopft. Das wird schon deshalb nötig, weil die Gärtner bei der Anzucht Wuchshemmstoffe verwenden; haben diese ihre Wirkung verloren, entsteht plötzlich eine halbmeterhohe Pflanze. Die *Aphelandra* wächst immer gut in handelsüblicher Blumenerde und ist von März bis August für eine wöchentliche Düngergabe stets dankbar. – Vermehrung durch Kopfstecklinge, die im Frühjahr beim notwendigen Rückschnitt anfallen.

Zimmertanne
Araucaria

Die gute alte Zimmertanne, das einzige Nadelgehölz unter den Zimmerpflanzen, hat wegen ihrer wunderschönen, immergrünen, waagerecht stehenden Wedel und auch wegen ihrer Anspruchslosigkeit ihre Daseinsberechtigung auf Tisch und Fensterbrett behalten.

Die wenigen Wünsche, die sie hat, lassen sich leicht erfüllen. Zu jeder Jahreszeit möchte die Zimmertanne an einem kühlen Plätzchen in der Wohnung stehen. Im Sommer ist sie für einen Aufenthalt in .einer schattigen Ecke des Balkons oder unter dem Sonnendach der Sträucher und Bäume im Garten sehr dankbar. Sie muß stets ausreichend mit Wasser versorgt werden, denn Trockenheit verträgt sie ganz und gar nicht. Auch kalkhaltiges Wasser beeinträchtigt ihr Wachstum. Deshalb das Gießwasser entkalken oder über Nacht stehenlassen; der Kalk setzt sich dann ab. Beim Umtopfen, das höchstens alle 4–5 Jahre vorgenommen wird, setzen wir sie in eine Fertigerde, die zur Hälfte mit Moorbeeterde (als »Rhododendronerde« im Handel) gemischt werden kann.

Wenn die Wedel traurig herabhängen, dann allerdings hilft nur noch eins: der Kopfstand, denn aus eigener Kraft richten sich die Wedel nicht mehr auf. Damit bei dieser gymnastischen Übung keine Erde aus dem Blumentopf herausfällt, setzt man ihn in eine Plastiktüte, die unter dem ersten Wedelquirl vorsichtig zugebunden wird. Mit dem Topf nach oben wird sie dann, nach vorherigem Gießen, eine Nacht lang aufgehängt. – Vermehrung: Kopfstecklinge unter dem zweiten Astkranz abschneiden.

Araucaria heterophylla

Spitzblume
Ardisia

Der etwa meterhohe Strauch wird vor allem wegen seiner erbsengroßen, korallenroten Früchte geschätzt, die ganzjährig an den Pflanzen hängen bleiben. Die im Juli erscheinenden, weißen Blüten sind dagegen eher unscheinbar.

Die Spitzblume, eine der ganz wenigen, im Zimmer fruchtenden Pflanzen, ist anspruchslos. Sie hat ähnliche Wünsche wie die Birkenfeige (S. 73) oder der Drachenbaum (S. 68). Im Winter steht sie gerne kühl, bei 12–15 °C, um sich in Ruhe auf neue Blüten und Früchte vorbereiten zu können.

Ein heller Standort ist Bedingung. Morgen- und Abendsonne werden vertragen, aber keine disie vermutlich sogar unbedingt benötigt. – Vermehrung: Am einfachsten durch Kopfstecklinge, die beim Zurückschneiden im Frühjahr abfallen. Man kann eine Ardisie aber auch durch eigenen Samen vermehren. Gesät wird, wenn die Pflanze die Beeren abwirft. Am besten geht das mit spezieller Aussaaterde und einem Minitreibhaus. Die optimale Keimtemperatur beträgt 22 °C.

Ardisia crenata

direkte Sonnenbestrahlung. Gegossen wird regelmäßig, aber nie zuviel. Besser ist es, die Pflanze so oft wie nur möglich zu übersprühen, und zwar zu allen Jahreszeiten. Von Mai bis September alle 14 Tage düngen und umtopfen im Februar/März. Es empfiehlt sich, ältere Pflanzen im Frühjahr zurückzuschneiden.

Nicht erschrecken! Bei den knotenförmigen Verdickungen an den Blatträndern handelt es sich nicht um eine Krankheit; sie werden von Bakterien hervorgerufen, die das Wachstum nicht beeinträchtigen, sondern die die Ar-

Zierspargel
Asparagus

Der Zierspargel ist ein treuer Begleiter auf dem Lebensweg des Blumenfreundes. Vor allem *A. densiflorus* 'Sprengeri' mit zarten, locker herabhängenden Trieben, *A. densiflorus* 'Meyeri' mit sehr dichten, aufrechten, rutenförmigen Trieben und *A. falcatus* mit seinen sichelförmigen Blättern interessieren uns. Der fein gefiederte *A. setaceus* ist dagegen recht anspruchsvoll. Er möchte wärmer stehen und liebt es auch etwas luftfeuchter. *Asparagus densiflorus* 'Sprengeri', der als Grünschmuck in der Blumenbinderei Verwendung findet und den man problemlos auch in einen Balkonkasten pflanzen kann, besitzt eine urtümliche Wuchskraft. Seine zahlreichen dicken, nährstoffspeichernden Wurzelknöllchen wachsen oft aus den Gefäßen heraus und können sogar Tontöpfe sprengen. Solche ungebärdigen Pflanzen kann man nur durch eine radikale Verkleinerung des Wurzelballens (durch Abbrechen der Knöllchen mit der Hand) zur Raison bringen, um dann den um ein Drittel kleineren Ballen in den gleichen, gesäuberten Topf, aber in neue Erde einzupflanzen.

Der Zierspargel liebt auch im Winter einen hellen Platz bei Temperaturen bis 18 °C. Von November bis Februar bleiben seine Wasserrationen niedrig, später werden sie je nach Standort und Temperatur erhöht. Der Zierspargel nimmt es dann durchaus nicht übel, wenn man ihn per Fußbad im Untersetzer mit Wasser versorgt. Im Sommer erhält er regelmäßig eine wöchentliche Düngung. Unschöne, ältere Pflanzen mit trockenen Wedeln läßt man am besten eine Verjüngungskur durch Teilung des Wurzelballens machen, der ein Rückschnitt der Wedel vorausgeht. – Vermehrung durch Teilung oder aus Samen. Die Samen müssen warm stehen und etwas mit Erde oder Zeitung bedeckt werden, da sie nur im Dunkeln keimen.

Von links nach rechts: *Asparagus falcatus, A. setaceus, A. densiflorus* 'Myriocladus', 'Sprengeri', 'Meyeri'.

Nestfarn
Asplenium

Asplenium nidus

Mit seiner nestartigen Blattrosette und der epiphytischen Lebensweise erinnert dieser Farn an Bromelien. Er erfreut uns mit breiten, hellgrünen Blättern und einem erstaunlichen Wachstumstempo. Bei guter Pflege können die Blätter 60–100 cm lang werden. Später geht er mehr in die Breite, da sich in der Mitte der Rosette ständig neue Blätter bilden.

Der Nestfarn wünscht einen sonnenabgewandten und möglichst warmen Platz bei Temperaturen, die nie unter 18 °C absinken sollten. Zugluft ist zu vermeiden. Mit Wasser darf nicht gespart werden, vor allem nicht im

Somme; da muß manchmal die Gießkanne täglich in Aktion treten. Im Winter wird der Farn dagegen weniger feucht gehalten. Es empfiehlt sich, statt zu gießen, den Topf zu tauchen. Man verwendet stets nur zimmerwarmes, abgestandenes (12 Stunden stehen lassen) Wasser. Von April bis September wird alle vier Wochen schwach gedüngt, etwa die Hälfte zum Beispiel der Gummibaum- oder *Philodendron*-Ration. Große Pflanzen kann man im Frühjahr in einen nicht zu großen Blumentopf umsetzen. Blasse, hellgrüne Blätter weisen auf einen zu hellen Standort oder auf Nahrungsmangel hin; braune oder zusammengerollte Blätter sind ein Zeichen für zuviel Wärme und trockene Luft. – Vermehrung durch Sporen, die sich auf der Unterseite der Blätter in Streifen bilden.

Elefantenfuß
Beaucarnea

***N**olina* hieß früher dieser exotische Zimmerbaum mit der interessanten Stammverdickung und dem drachenbaumartigen Blätterschopf. Dieses gelegentlich als Flaschenbaum bezeichnete Agavengewächs wird auch in Hydrokultur angeboten; hier scheint es sich besonders wohlzufühlen.

Wie bei der artverwandten *Yucca* (S. 134) wünscht der Elefantenfuß einen hellen, sonnigen, luftigen Platz. Im Sommer kann er auch im Freien stehen, dagegen im Winter kühler, aber nicht unter 10 °C.

Vorsicht vor zuviel Nässe! Vor allem an einem kühlen Stand im Winter sollte nur wenig gegossen werden. Das Trockenwerden der unteren Blätter ist normal. Gedüngt wird von April bis September im Abstand von vier Wochen. – Vermehrung durch Seitensprosse, die mindestens 10 cm lang sein müssen; nach dem Abtrennen die Triebe 12 Stunden liegenlassen, erst dann in kleine Töpfe stecken.

Beaucarnea recurvata

Elatior-Begonien
Begonia-Elatior-Hybriden

Diese wunderschönen Blütenbegonien sind fast das ganze Jahr über erhältlich. Sie blühen monatelang mit rosa und roten, weißen, gelben, einfachen oder gefüllten Blüten. Groß ist die Zahl der Sorten, die sich auch in der Blütenform voneinander unterscheiden.

Hell und sonnenabgewandt soll der Platz für Begonien sein. Temperaturen unter 15 °C, aber auch nicht über 20 °C sind gefragt. Nicht in die Nähe eines Heizkörpers stellen.

Elatior-Begonien sind robuster als sie aussehen. Auch kann jeder ihre Wünsche leicht erfüllen: gleichmäßig feucht halten, Staunässe vermeiden. Regelmäßig düngen, von März bis Oktober alle 14 Tage mit einem Flüssigdünger. Stark mit Knospen besetzte Pflanzen auch im Winter mit Nährstoffen versor-

Begonia-Elatior-Hybriden 'Schweizerland' und 'Schwabenstolz'

gen. Nur kalkarmes, abgestandenes und zimmerwarmes Wasser verwenden. Das Entfernen von Abgeblühtem erhöht die Blühleistung. – Vermehrung durch Kopfstecklinge, die am besten gleich nach der Blüte geschnitten werden. Die jungen Pflanzen gleich nach dem Anwachsen stützen.

Lorraine-Begonie
Begonia 'Gloire de Lorraine'

Elegant und kostbar wirkende Begonie mit weißen oder rosafarbenen Blüten und grünen oder dunkelfarbigen Blättern, die nur in den Wintermonaten angeboten werden. Man muß mit ihnen vorsichtig umgehen. So lieben diese Blütenbegonien gut geheizte Zimmer mit Temperaturen, die nicht unter 15 °C absinken. Nicht kühler, sonst besteht Mehltaugefahr. Vorsicht vor Zugluft! Die Lorraine-Begonien brauchen einen hellen, sonnenabgewandten Platz.

Gegossen wird bei dieser gleichmäßigen Wärme reichlich und stets mit abgestandenem, zimmerwarmem Wasser. Es empfiehlt sich, in den Untersatz zu gießen. Nicht besprühen, sonst gibt es häßliche Flecken auf Blättern und Blüten. Verblühtes stets auszupfen, sonst läßt die Blüte nach. Düngen von Frühjahr bis Herbst in 14tägigen Abständen. Die Sorten mit herabhängendem Wuchs eignen sich hervorragend für Ampeln. Man muß sie aber an einem

Begonia 'Gloire de Lorraine'

hellen Platz aufhängen, damit die Leuchtkraft der Blüten recht lange erhalten bleibt. Nach der Blüte haben Lorraine-Begonien ausgedient. – Vermehrung lohnt nicht.

Blatt- und Strauchbegonien
Begonia

Sie sind schön und robust und wachsen überall dort, wo kein Sonnenstrahl hinkommt, aber immer noch genügend Helligkeit vorhanden ist, damit sich die Farbenpracht der Blätter so richtig entfalten kann. In schiefer Haltung – daher auch der Name Schiefblatt für die Begonien – haben die Blätter metallisch glänzende Zeichnungen auf grünem und dunkelrotem Untergrund zu bieten. Die Blüten sind bei den besonders schönen Rex-Begonien meist unscheinbar. Eine Ausnahme unter den Blattbegonien bildet *B. masoniana*, auch als 'Iron Cross' bekannt, bei der sich über grünen, braungestreiften Blättern ein gelber Blütenstand erhebt.

Jeden Pflanzensammler reizen die vielgestaltigen, in Wachstum und Blattform sehr unterschiedlichen Gruppen der Strauchbegonien, die eine Vielfalt an verschieden gefärbten, gezeichneten oder geformten Blättern zu bieten haben. Hinzu kommen der Blütenreichtum und ihre leicht zu erfüllenden Lebensansprüche, die nicht geringer und nicht höher sind als die der Rex-Begonien. Nur tritt bei den Strauchbegonien ab und zu ein scharfes Messer in Aktion, mit dem man die allzu hoch geschossenen Triebe zurückschneidet und gleichzeitig die Pflanzen zu einem buschigeren Wachstum anregt.

Aus der großen Zahl der Strauchbegonien bestanden mit den besten Noten ihr »Zimmerexamen« folgende Arten und Sorten:
Begonia-Corallina-Hybride 'Lucerna': Starkwüchsige, sich vielfach verzweigende Art mit spitzen, dunkelgrünen, silbrig gefleckten Blättern und zahlreichen Blüten; Stecklinge wachsen leicht und schnell.

Begonia x *credneri:* Starkwachsend; Blätter oberseits dunkelgrün, unterseits rotbraun, behaart; viele in Dolden stehende, weiß- bis rosafarbige Blüten, die fast das ganze Jahr über erscheinen; sehr unempfindlich gegen trockene Luft.

Begonia x *erythrophylla:* Diese überaus haltbare Strauchbegonie bildet dichte, runde Büsche aus glatten, glänzenden, lebhaft grünen Blättern; über dem dicken Blätterschopf erheben sich vom Winter bis zum Frühjahr zahlreiche hellrosa Blüten.

Begonia foliosa var. *miniata:* Kleine, grüne Blätter, die an überhängenden Stielen sitzen; viele hübsche rote Blüten.

Begonia limmingheana: Wunderhübsche Ampelpflanze mit grünen, länglichen Blättern und zahlreichen, außen rot, innen weißlich-rosa gefärbten Blüten, die im Sommer die lang herabhängenden und dicht übereinanderliegenden Triebe schmücken; etwas wärmeanspruchsvoll, vor Zugluft schützen.

Begonia metallica: Starkwachsend, reich verzweigt; längliche, behaarte, oberseits metallisch glänzende, unterseits rötliche Blätter; braunrote Blütenstände mit rosa Einzelblüten; widerstandsfähig.

Begonia peltata: Eine der schönsten Arten, mit weißem Haarfilz an Stengeln, Stielen und Blättern; weiße Blüten.

Begonia x *phyllomaniaca:* Große, gezähnte Blätter und reizvolle Blütenstände mit kräftig rosa gefärbten Einzelblüten.

Begonia x *pseudophyllomaniaca:* Eine reich und immerblühende Art, deren hellrote Blüten sich elegant über die Pflanze verteilen.

Für regelmäßige Gießgaben mit enthärtetem Wasser und eine wöchentliche Düngung von März bis August sind Begonien dankbar; nur im Winter düngt man nicht mehr.

Zum Umtopfen eignet sich jede Blumenerde; es hat, je nach Wachstumszustand, nur alle paar Jahre zu erfolgen. Umgepflanzt wird im Frühjahr, wenn die Begonien sich deutlich zu

Begonia-Rex-Hybride

Beloperone guttata

Billbergia nutans

regen beginnen; im Winter verlieren sie oft das eine und das andere Blatt, was aber keineswegs immer ein Anlaß zur Sorge sein muß. – Vermehrung: Rex-Begonien durch Blatt-, Strauchbegonien durch Kopf- und Triebstecklinge.

Zimmerhopfen
Beloperone

Natürlich ist diese anspruchslose, fast immerblühende Zimmerpflanze mit dem Hopfen weder verwandt noch verschwägert. Sie gehört zur Familie der Akanthusgewächse und wird nur wegen ihres bräunlichroten, hopfenähnlichen Blütenstandes Zimmerhopfen genannt. Die Botaniker nennen sie *Beloperone guttata.* Sie gehört zu den wenigen Zimmerpflanzen, die sich neben ihrer Anspruchslosigkeit auch durch eine ständige Blüte auszeichnen. Nur in den dunklen Monaten des Jahres lassen sie im Blühen etwas nach – ein deutlicher Hinweis darauf, daß diese Pflanze immer recht hell stehen will. Ein heller Standort sorgt auch für eine kräftige Färbung der Blütenstände und für einen gedrungenen, buschigen Wuchs. Sollte der Zimmerhopfen lang, sparrig und damit unansehnlich werden, wird er um die Hälfte zurückgeschnitten.

Man achte darauf, daß die Pflanze ausreichend mit Feuchtigkeit versorgt wird; was der Zimmerhopfen nicht vertragen kann, sind Trockenheit und hohe Temperaturen. Gedüngt wird von März bis August in einem wöchentlichen Turnus. – Vermehrung: Die abgeschnittenen Triebspitzen werden gleich als Stecklinge verwendet und zu zweien oder dreien in einen kleinen Topf gesetzt und anschließend gestutzt.

Zimmerhafer
Billbergia

Zu den genügsamen, immer wieder blühenden Bromelien gehört der Zimmerhafer mit schmalen, dunkelgrünen Blättern und nickenden oder hängenden Blütenständen, die sich oberhalb der blaßroten Hochblätter entfalten. An manchen älteren Pflanzen bilden sich mehrere Rosetten, die oft gleichzeitig blühen. Nach der Blüte stirbt die Rosette ab. Für das Weiterleben sorgen die sich ständig bildenden Seitentriebe (Kindel).

Dem Zimmerhafer genügen Zimmertemperaturen, die aber nicht unter 12 °C absinken dürfen. Im Winter sind 15 °C zu empfehlen. Ein heller Standort, stets sonnenabgewandt, fördert das Wachsen und Blühen. Gegossen wird wie bei den meisten Bromelien in den Trichter, aber nur dann, wenn das Thermometer über 20 °C anzeigt; sonst wird die Topferde nur angefeuchtet. Stets zimmerwarmes und abgestandenes Wasser verwenden. Die anspruchslose Bromelie erhält nur einmal Dünger (am besten Flüssigdünger mit Guano), und zwar nach dem Verblühen. – Die Vermehrung erfolgt durch Seitentriebe, die von der Mutterpflanze abgetrennt werden. Die Triebe sollten aber schon halb so groß wie die Mutterpflanze und mit möglichst vielen Wurzeln ausgestattet sein. Nach drei Jahren kann man mit der ersten Blüte rechnen.

Bougainvillea glabra

Bougainvillee
Bougainvillea

Bougainvilleen sind über und über blühende, prächtige Blütengehölze, die in südlichen Gefilden kletternd im Freien wachsen, bei uns jedoch sich zu recht sittsamen, blütenschönen Hausgenossen entwickeln.

Immer sollte man daran denken, daß Bougainvilleen Sonnenkinder sind und ihre Blütenpracht nur an einem sonnigen Standort entfalten. Übrigens, was man als Blüten bezeichnet, sind nur violettblau oder rot gefärbte Hochblätter ähnlich wie beim Weihnachtsstern (S. 71). Die eigentliche Blüte ist grünlich-weiß und unscheinbar. Bereits im April beginnen diese Hochblätter Farbe zu bekennen. Die Leuchtkraft ihrer Farben erreicht aber erst im Juli bis August ihren Höhepunkt. Dann erhält die Pflanze einen Platz an einem sonnigen Südfenster, auf dem Balkon oder an einem windgeschützten Ort im Garten. Müssen sie im Zimmer bleiben, so ist für viel frische Luft zu sorgen.

Wie alle Zimmerpflanzen mit holzigen Trieben (z. B. Azaleen, siehe S. 119) soll man stets für ausreichende Wasserzufuhr sorgen; Ballentrockenheit trifft den Lebensnerv dieser Pflanzen empfindlich. Sie trocknen deshalb schnell aus, weil sie in einer recht durchlässigen, mit Sand gemischten Erde stehen wollen. Das Düngen darf ebenfalls nie vergessen werden. Mit der Nährstoffzufuhr beginnen wir ab März, wenn die ersten frischen Triebe sich zu regen beginnen, und beenden die Düngung bereits im Juli. Dann nämlich ziehen sich die Bougainvilleen gerne zurück, um sich auszuruhen. Wir achten dieses Ruhebedürfnis durch Einschränken der Wassergaben ab Ende September und durch Aufstellen der Pflanzen in einem kühlen (6–8 °C), aber doch hellen Raum. Hier sind sie nur mäßig zu gießen, nicht zuletzt deshalb, weil sie im Winter alle ihre Blätter abwerfen. – Die Vermehrung erfolgt durch Stecklinge bei hoher Bodenwärme (25–27 °C). Ohne beheiztes Vermehrungsbeet ist kaum mit Erfolg zu rechnen.

Browallie
Browallia

Fast das ganze Jahr erscheinen die leuchtendblauen oder weißen Blüten an den mittelgroßen, runden Büschen. Die Browallie ist kein Dauergast auf unserer Fensterbank, sondern sollte jedes Jahr durch selbstgezogene Jungpflanzen ersetzt werden.

Browalien sind völlig umkompliziert. An einem hellen, sonnenabgewandten Platz genügen ihnen Zimmertemperaturen völlig. Im Sommer stelle man sie auf den Balkon oder die Terrasse; im Winter stehen sie gerne kühler. Ihre weiteren Wünsche: stets feucht halten, von Mai bis August alle 14 Tage düngen, alles Abgeblühte entfernen. – Vermehrung: im Sommer durch Stecklinge, die sich leicht unter Folie bewurzeln. Auch Aussaat ist möglich, dabei darf man den Samen nicht bedecken.

Browallia speciosa

Brunfelsie
Brunfelsia

Von eigenartigem Reiz und außergewöhnlicher Schönheit sind die blauvioletten, scheibenförmigen, großen und duftenden Blüten der Brunfelsie. Die *Brunfelsia pauciflora* mit der Varietät *calycina* und ihrer kleineren Schwester *B. uniflora* wachsen wie Sträucher oder kleine Bäume und machen uns viel Freude. Sie schätzen nichts so sehr wie eine regelmäßige Lebensweise, die keine allzu großen Veränderungen der Temperaturen, der Wassergaben, der Nährstoffzufuhr und der Lichtverhältnisse erfahren sollte. Gleichmäßigkeit in allen Dingen steht also obenan auf dem Wunschzettel dieser schönen Südamerikanerin: In der Hauptwachstumszeit Temperaturen um 20 °C, die in der mehrwöchigen winterlichen Erholung vom Wachsen und Blühen auf 15 °C absinken dürfen. Für ein allgemeines Wohlbefinden sorgen ständige Brausebäder im Sommer wie im Winter, die auf die Luftfeuchtigkeit liebende Brunfelsie wie ein Jungbrunnen wirken. Auf stauende Nässe im Blumentopf wie auf Ballentrockenheit reagiert sie sofort durch das Abwerfen der Blätter. Beim Gießen abgestandenes Wasser verwenden. Von April bis August alle 14 Tage düngen.

Wenn die Blütenpracht vorüber ist und sich im darauf folgenden Frühjahr die ersten jungen Triebe regen, erhält die Brunfelsie einen wachstumsverschönenden Rückschnitt. Außerdem kommt sie in einen neuen Topf mit frischer Erde. – Vermehrung durch Stecklinge bei hoher Bodentemperatur (24–27 °C) ist unter Umständen möglich.

Brunfelsia pauciflora

Buntwurz
Caladium

Die schönsten und farbenprächtigsten Blätter unter den Zimmerpflanzen besitzen zweifellos die Kaladien. Diese herrlichen Aronstabgewächse, von der Natur mit Farben verschwenderisch ausgestattet, führen ein Leben wie eine Zwiebelpflanze: Nur kurz, etwa von Februar bis August, erfreuen uns die wunderschönen Blätter, dann verwelken sie und fallen ab. Wir berücksichtigen diese Lebensweise durch eine Ruhezeit ab August; die Wassergaben werden allmählich eingeschränkt und hören nach einigen Wochen ganz auf. Die Knollen bleiben im Topf, der bei einer Zimmertemperatur von 18–20 °C aufgestellt wird. Im Februar nimmt man die Knollen her-

Caladium-Bicolor-Hybriden

Calathea makoyana

aus, reinigt die Wurzeln und ersetzt die alte Erde durch neue.

Gegossen wird am Anfang des neuen Lebensjahres wenig; später erhöht man später die Wassergaben je nach Blattentwicklung. Immer aber erhalten die Kaladien einen recht warmen Platz, etwa bei 20–22 °C, der vor direkter Sonneneinstrahlung geschützt ist. Von März bis Juli werden sie regelmäßig, jede Woche einmal, mit einer Düngelösung versorgt. – Die Vermehrung läßt sich durch kleine Seitenknöllchen vornehmen.

Korbmarante
Calathea

Alle Arten dieser Pflanzengattung erfreuen uns mit herrlich gezeichneten, langen oder ovalen, silbergrauen, zebraartig gestreiften oder gefleckten Blättern. Die Blattschönheiten stehen am liebsten halbschattig, sie verlangen auf jeden Fall einen sonnenabgewandten Platz. Im Frühjahr oder Sommer warten sie mit zapfen- oder korbähnlichen Blüten auf, deren Form ihnen den deutschen Namen Korbmarante eingebracht hat. Die schönsten Blüten und rotbraunes Laub besitzt *C. crocata.*

Korbmaranten stellen keine besonderen Ansprüche an die Zimmertemperatur, schätzen aber hohe Luftfeuchtigkeit, vor allem in den Wachstumszeiten von März bis September. In dieser Zeit wird regelmäßig gegossen, aber nie zuviel: So darf auf keinen Fall Wasser im Untersetzer stehenbleiben, was genauso schädlich ist wie Ballentrockenheit. Ab Oktober bis Februar genügen den Korbmaranten Temperaturen von 12–15 °C und die halbe Wasserration. Gedüngt wird von März bis August in 14täglichen Abständen und umgepflanzt alle 2–3 Jahre in einen nicht zu großen Topf. – Bei älteren Pflanzen ist eine Teilung des Wurzelballens zu empfehlen. Das ist zugleich die sicherste Vermehrungsart.

Pantoffelblume
Calceolaria

Die gelben, orangefarbenen, roten, getigerten oder getuschten Blüten der Pantoffelblumen sehen kleinen Schuhen auffallend ähnlich. Dicht bei dicht sitzen die bunten »Pantöffelchen« über dem hellgrünen Blätterkleid, glänzen und glitzern in allen Farben und erfüllen unsere Wohnung im Frühjahr wochenlang mit buntem Blütenleben.

Calceolarien stammen aus Südamerika, dem Mutterland so vieler prächtiger Zimmerpflanzen; da sie aber in den luftigen Höhen der Anden wachsen, ist ihr Temperament nicht so heißblütig wie das der Bewohner tropischer Zonen. Als Waldbewohner lieben sie niedrige Temperaturen, die 15 °C möglichst nicht überschreiten sollten. Der Pantoffelblumen-Kenner sucht ihnen deshalb ein Plätzchen im Doppelfenster, in der Diele oder in irgendeinem schwach geheizten Zimmer in der Wohnung. Sonne vertragen sie nicht.

Ihre großen, zahlreichen Blätter gemahnen uns, das Gießen niemals zu vergessen. Wenn es einmal übersehen wurde, reagieren sie sofort durch Schlappwerden. Pantoffelblumen brauchen nun einmal höhere Wasserrationen als viele andere Zimmerpflanzen. Um ihren Wurzelballen vor dem Austrocknen zu schützen und damit den Blühfleiß zu erhalten, stellen wir die Tontöpfe in einen mehrere Nummern größeren, mit ständig feuchtem Torf gefüllten Übertopf. – Vermehrt wird durch Aussaat im Mai-Juli. Samen nicht mit Erde abdecken. Keimtemperatur 18 °C. Die Pflanzen sterben ab, nachdem sie 6–8 Wochen geblüht haben.

Calceolaria-Hybriden

Kamelie
Camellia

Auch der anspruchsvolle Blumenfreund ist im Winter und Frühjahr beeindruckt von den wunderschönen, wie frisch gewaschen glänzenden Blättern und den dichtgefüllten, großen, weißen, rosafarbigen oder roten Blüten der Kamelie. Früher war sie der blühende Mittelpunkt der guten Stube und begründete mit einigen grünen Artgenossen die Zimmerblumenliebhaberei.

Viele Pflanzenliebhaber haben aber auch ihre Bedenken: Sie halten die Kamelie für empfindlich und heikel, weil es scheinbar ihre Angewohnheit ist, Knospen abzuwerfen.

Dieses immer wieder beklagte Abstoßen der Blüten und Knospen läßt sich aber durch die Erfüllung der wenigen Ansprüche mühelos vermeiden. Zuverlässig und sicher blühen die Kamelien, wenn sie einen kühlen Stammplatz erhalten mit Temperaturen, die 12 °C nicht übersteigen. Für sie ist kein Platz in wohligwarmen, überheizten Räumen. Außerdem leiden Kamelien darunter, wenn sie ständig hin- und hergerückt werden.

Camellia japonica 'Elegans'

Kamelien sind sogenannte Moorbeetpflanzen, beanspruchen also eine im Handel erhältliche Spezialerde aus torfhaltiger, abgelagerter Moorbeeterde oder aus Heideerde mit Sandzusatz. Fertigprodukte wie Compo-Sana-Rhododendronerde und Planta-Rhodo erfüllen alle Kamelienwünsche.

Alle diese Spezialerden reagieren »sauer«, enthalten also keinen Kalk. Und das ist schon das zweite »Geheimnis« erfolgreicher Kamelienpflege: kein Kalk in der Erde – und im Gießwasser! Deshalb muß das Leitungswasser von dem oft recht hohen Kalkgehalt gesäubert werden. Dazu leisten Wasserenthärtungsmittel wasserweichende Dienste. Es genügt aber auch, Leitungswasser vor dem Gebrauch mindestens 12 Stunden stehen zu lassen.

Wer ganz sichergehen will, der beachte, daß die Kamelie immer hell, aber nicht in der Sonne steht und im Sommer einen erholsamen Urlaub im Freien erhält. Und natürlich will die Kamelie auch ihre Ruhezeit; sie wird am besten nach der Blüte und noch einmal von Juli bis August durch Einschränken der Gießgaben und ein striktes Nichtmehrdüngen gewährt. Nur auf diese Weise kann mit einem Wiederblühen gerechnet werden. – Vermehrung durch halbreife Kopfstecklinge im Frühsommer. Ideal ist dafür ein Zimmergewächshaus.

Bergpalme
Chamaedorea

Sie ist die ideale Zimmerpalme, weil sie langsam wächst, im Zimmer auch an weniger lichtbegünstigten Plätzen, und bei normalen Temperaturen gedeiht. Sie blüht schon als junge Pflanze und wird nicht selten mit einem Blütenstand in Knospe angeboten. Die Bergpalme erreicht bei uns nur eine Höhe von einem Meter, besitzt hellgelbe, leicht überhängende Blütenstände, die unabhängig von der Jahreszeit erscheinen. Sie gilt als empfehlenswerte Palme für beengte Verhältnisse.

Die Bergpalme hat es von Oktober bis Februar gerne kühl, wobei die Temperaturen bei etwa 12–15 °C liegen sollten. Den Sommer kann sie draußen an einem sonnenabgewandten, windgeschützten Platz auf Balkon, Terrasse oder im Garten verbringen. Auch im Zimmer hält man die Sonne von ihr fern. Vor allem bei einem Freiluftaufenthalt wird reichlich gegossen und, falls es die Größe der Palme zuläßt, wöchentlich getaucht. Im Winter gleicht man die Wassergaben an die Zimmertemperatur an: Je kühler, desto weniger Wasser wird gegeben.

Wie bei allen Palmen sollte man durch regelmäßiges Besprühen den Staub entfernen und wenigstens stundenweise für höhere Luftfeuchtigkeit sorgen. Bei zu trockener Luft oder einem Winterplatz in Heizungsnähe stellen sich gerne Spinnmilben ein. Auch die schwachwachsende Bergpalme braucht Dünger: von März bis August wöchentlich Flüssigdünger. – Vermehrung durch Aussaat im Zimmergewächshaus bei 24 °C.

Chamaedorea elegans

Chamaerops humilis

Zwergpalme
Chamaerops

Die Zwergpalme ist wegen ihres langsamen Wachstums und ihrer Anspruchslosigkeit zu empfehlen. Die Standorte sind ähnlich zu wählen wie bei Kübelpflanzen und Zimmerbäumen: Von Mai bis September an einen sonnigen Platz stellen, wenngleich sich diese Palme auch mit einem Standort zufrieden gibt, wo die Sonne nur ein paar Stunden scheint. Im Grunde ist diese Palmenart eine reinrassige Kübelpflanze, die im Sommer nach draußen gehört und in der kalten Jahreszeit an einen kühlen Überwinterungsplatz, zusammen mit Fuchsien und Geranien. Zwergpalmen brauchen bei der Überwinterung Licht und Luft und sollten auf keinen Fall in Räumen ohne Fenster untergebracht werden. Gut tut ihnen auch, im Sommer und im Winter die Wedel durch Besprühen vom Staub zu säubern. In sehr kühlen Räumen (um 5 °C) genügt das sogar als Wasserversorgung.

Chlorophytum comosum

Man kann die Zwergpalme auch ständig im Zimmer halten, am besten in hellen Räumen; sie schafft es sogar am Südfenster. Gegossen wird im Sommer reichlich, in der Menge je nach Temperatur, jedoch ohne daß die Pflanzen naß stehen. Draußen auf der Terrasse und im Garten brauchen sie von Mai bis August wöchentlich Volldünger, die Stubenhocker versorgt man in dieser Zeit alle 14 Tage mit Nährstoffen.

Umgetopft wird, wenn die Wurzeln aus dem Topf drängen. Dann darf man auch vom Ballen die unteren Wurzeln abschneiden, damit er in den neuen Topf paßt. Gut geeignet ist eine durchlässige, nährstoffreiche Einheitserde, mit etwas Sand versetzt. – Vermehrung durch Aussaat im Februar/März, auch die Teilung älterer Pflanzen ist möglich.

Grünlilie
Chlorophytum

Mit der bescheidenen, so völlig anspruchslosen und recht hübschen Grünlilie fingen die meisten Zimmerpflanzenfreunde an; weil man sich auf sie unbedingt verlassen kann und weil sie selbst in dunklen, zugigen, warmen oder kalten Ecken noch wächst, gebührt ihr eigentlich ein großer Orden am Bande. Aber den braucht sie ja nicht, weil sie viel anmutigere »Bändchen« trägt, nämlich die vielen Ausläufer an den herabhängenden Stielen, die ihr sogar den Namen »Brautschleppe« einbrachten. Von den jungen Pflanzen beläßt man soviel wie nur möglich an der »Mutter«.

Trotz ihrer sprichwörtlichen Anspruchslosigkeit sollte man Grünlilien nicht hungern lassen, sondern sie ab und zu in frische Erde umtopfen. Wird regelmäßig alle 14 Tage gedüngt, so werden die Blätter breiter, besser ausgefärbt und die Ausläuferbildung noch stärker. Wenn die Wurzeln oben aus dem Topf drängen, sofort umtopfen und dabei den Ballen um etwa die Hälfte verkleinern. – Die Vermehrung ist denkbar einfach. Sie wird am besten durch Abschneiden der Ausläufer vorgenommen, die sehr schnell bewurzeln.

Goldfruchtpalme
Chrysalidocarpus

Die hin und wieder auch als Arekapalme bezeichnete Pflanze besticht durch ihren dichten Wuchs, ihre eleganten, zierlichen Wedel und ihre vielseitige Verwendbarkeit. So eignet sie sich sowohl für einen Daueraufenthalt im Zimmer oder Wintergarten als auch für eine tropische Begrünung der Terrasse. Sie verträgt Sonne wie Halbschatten.

Die Palme schätzt im Zimmer Temperaturen um 18–22 °C, die nicht unter 15 °C absinken sollten. Sie verbraucht viel Feuchtigkeit, so daß man sie am besten in einen stets mit Wasser gefüllten Untersatz stellt, wie sich das auch für das Kokospälmchen (siehe S. 100) empfiehlt. Gedüngt wird von März bis September 14tägig mit Flüssigdünger. Umtopfen im Frühjahr in handelsübliche Blumenerde oder in Spezial-Palmenerde. – Vermehrung: Die Anzucht aus Samen ist unproblematisch, er keimt nach 30–40 Tagen. Aussaat im Zimmergewächshaus mit Bodenheizung ist zu empfehlen. Nach der Keimung genügen den jungen Pälmchen Temperaturen um 18 °C völlig, um zügig zu wachsen.

Klimme
Cissus

Die Klimmen sind grünblättrige, rankende Pflanzen, die man entweder herabhängen oder an Spalieren klettern lassen kann.

Schnelles Wachstum und bewunderungswürdige Genügsamkeit an Licht und Wärme sind die großen Tugenden der Rautenblättrigen Klimme (*Cissus rhombifolia*). Ihre dünnen Triebe, dichtbesetzt mit rautenförmigen Blättern und gleich den Blattstielen mit einem bräunlichen Filz überzogen, klettern selbst bei ungünstigen Lebensbedingungen.

Natürlich muß sie bei diesem immensen Wachstum reichlich und regelmäßig gedüngt werden. Die Düngung sollte schon beim Umtopfen beginnen, indem man vorgedüngte Erde verwendet; in der Hauptwachstumszeit düngen wir dann jede Woche einmal flüssig. Sollte das Wachstum stocken, die Blätter sich hell verfärben, so liegt das meist an unzureichender Ernährung; eine sofort verabreichte Düngung verschafft hier schnelle Abhilfe. Auch ist für regelmäßige Wassergaben Sorge zu tragen, wobei sich die Menge des Gießwassers immer nach der Raumtemperatur richtet. Im Sommer hat diese Klimme nichts gegen einen Aufenthalt im Garten oder auf dem Balkon einzuwenden, wenn man sie nicht gerade in die pralle Sonne hängt. Im Winter dagegen steht sie gerne kühler, bei 15–18 °C, erträgt aber auch höhere Temperaturen.

Jedem Blumenfreund bekannt ist der »Russische Wein«, auch Känguruh- oder Australischer Wein genannt (*Cissus antarctica*). Er

Chrysalidocarpus lutescens

Cissus antarctica

Cissus rhombifolia

x *Citrofortunella microcarpa*

wächst rasch, verzweigt sich stark und sitzt voller glänzender, frischgrüner, gezähnter Blätter. Selbst in dunklen Ecken wächst er zufriedenstellend.

Während der Ruhezeit von Oktober bis Februar gießt man weniger (etwa halb soviel wie sonst) und düngt ihn gar nicht. So wird das Ausreifen der noch nicht richtig verholzten Triebe gefördert. Die Wärmeansprüche aller *Cissus*-Arten sind ziemlich gering, sie sind sogar für frische Luft dankbar. – Zur Vermehrung schneiden wir die etwas verhärteten Spitzentriebe mit ein oder zwei Blättern ab und stecken sie sehr dicht in Töpfe mit Anzuchterde. Besonders schnell wachsen sie in einem beheizten Vermehrungsbeet bei 20–25 °C Bodenwärme.

Orangen- (Apfelsinen-), Mandarinen-, Zitronenbäumchen
Citrus und x *Citrofortunella*

Der beliebte Spaß, diese und andere, zu verschiedenen botanischen Arten gehörenden Zitrusgewächse aus Kernen heranzuziehen, hört spätestens dann auf, wenn die zu meterhohen Immergrünen herangewachsenen Pflanzen keine Früchte tragen. Bei kühler Überwinterung (5–8 °C) blühen sie zwar bereits nach 2 Jahren, aber Früchte bilden sich erst, wenn man sie wie einen heimischen Obstbaum veredelt. Möglich ist auch eine Pfropfung auf die Bitterorange (*Poncirus trifoliata*). Edelreiser und Bitterorangen sind in Spezialgärtnereien erhältlich. Einfacher ist es, sich fruchttragende Bäumchen in Gärtnereien oder beim Floristen zu besorgen. Da gibt es dann kein vergebliches Warten auf Blüten und Früchte.

Verschiedene Zitrusbäumchen bleiben auch im Wachstum erträglich und sind daher für die Zimmerhaltung besonders zu empfehlen, wie zum Beispiel die zwergige Calamondin-Orange x *Citrofortunella microcarpa*, vermutlich eine Kreuzung aus Mandarine (*Citrus reticulata*)

Clerodendrum thomsoniae

und Kumquat (*Fortunella margarita*), sowie *Citrus* x *limonia* und andere. Für sie gilt: Bei möglichst niedrigen Temperaturen überwintern und im Sommer im Freien aufstellen, am besten auf der Terrasse an der Südseite des Hauses. Von Mai bis September täglich reichlich wässern und alle 14 Tage düngen.

Der Wasser- und Nährstoffbedarf von Zitrusbäumchen ist während der Wachstumszeit sehr hoch. Ab Oktober wird das Düngen beendet und das Wässern eingeschränkt. Zurückgeschnitten werden die Zitrusfrüchte im zeitigen Frühjahr. Bitte vorsichtig zu Werke gehen, da zu starkem Schnitt möglicherweise Früchte zum Opfer fallen. Wenn die Blätter gelb werden, liegt das meist am Eisenmangel aufgrund zu kalkhaltigem Wasser oder entsprechender Erde. Hier schafft wiederholtes Verabreichen eines Eisendüngers rasche Abhilfe. – Vermehrung durch Stecklinge, die besser anwachsen, wenn man sie vor dem Stecken kurz in ein Bewurzelungshormon taucht (siehe S. 153).

Losbaum, Schicksalsbaum

Clerodendrum

In unseren Breiten ist dieses Rankgewächs, dessen scharlachrote, von weißen Kelchblättern umgebene Blüten eine wahre Augenweide sind, etwas in Vergessenheit geraten. Denn schon vor mehr als hundert Jahren war der Losbaum blütenschöner und vielbewunderter Mittelpunkt der »guten« Stube.

Er ist zuverlässig und trotz seiner hohen Wasser- und Nährstoffwünsche im Sommer doch eigentlich recht bescheiden. So hält der Losbaum, wie ein Strauch oder Baum im Garten, einen regelrechten Winterschlaf, wirft vorher alle Blätter ab und kann in einem hellen, kühlen (aber frostfreien) Keller überwintert werden. Im Februar beginnt dann ein neuer Lebensabschnitt: Der noch kahle Strauch wird

Clivia miniata

zurückgeschnitten – jeder Trieb etwa um ein Drittel seiner Länge –, in neue Blumenerde umgetopft und an einen wärmeren und recht hellen Platz gestellt. Nach Erscheinen der jungen Triebe beginnt man mit regelmäßigem Gießen und wenig später dann im Abstand von 14 Tagen mit dem Düngen.

Der Losbaum blüht immer willig und regelmäßig Jahr für Jahr, wenn man seinem Wunsch nach einer mehrmonatigen Ruhepause entspricht. Die Vorbereitungen für diesen Winterurlaub beginnen gleich nach der Blüte: Die Gießgaben werden eingeschränkt und Düngemittel von ihm ferngehalten. – Vermehrung durch Stecklinge im Frühjahr.

Klivie
Clivia

Sie gehört zum festen Stamm des Zimmerpflanzenensembles, die treue, unverwüstliche und anspruchslose Klivie. Dank ihrer Robustheit übersteht sie gelassen die mannigfache Unbill des Zimmerlebens mit ihren wechselnden Temperaturen, dem Staub und der trockenen Luft. Doch damit nicht genug: Als Krönung und Höhepunkt jedes Lebensjahres erfreut sie ihre Verehrer mit großen, prächtig gefärbten Blütendolden, die voller kleiner, orangeroter Einzelblüten sitzen. Jahr für Jahr erscheinen diese herrlichen Blüten, je nach Zimmertemperatur, mal im März, im April oder im Mai.

Und bei dieser regelmäßigen Blütenpracht nimmt es nicht wunder, daß in manchen Familien die Klivie von Generation zu Generation vererbt wird. Diese Veteranen tun immer noch fleißig mit und lassen sich keineswegs von ihren jüngeren Artgenossen in den Schatten stellen. Sie mögen auch gar keinen Schatten, die Jungen so wenig wie die Alten; stehen sie nämlich an lichtunbegünstigten Plätzen im Zimmer, dann läßt die Blüte manchmal jahrelang auf sich warten, oder sie bleibt festgeklemmt zwischen den immergrünen Riemenblättern stecken. Im Sommer allerdings steht die Clivie gerne an einem sonnenabgewandten Platz im Freien, wo trotz des notwendigen Sonnenschutzes die Lichtverhältnisse ungleich besser als im Zimmer sind.

Das Nichtblühen oder das Steckenbleiben der Blütenschäfte ist immer leicht zu vermeiden, wenn der Klivie von September bis Januar strikt und regelmäßig eine Ruhezeit gewährt wird. In diesen Monaten erhält sie einen kühlen bis mäßig warmen Platz (15–18 °C), keinen Dünger mehr und nur so viel Wasser, daß der Wurzelballen nicht austrocknet. Nach diesen verdienten und notwendigen Wachstumsferien werden die Wassergaben – vor allem zur Zeit der Blüte – wieder gesteigert und bis Juli alle 2 Wochen eine tüchtige Portion Volldünger verabreicht. Gegossen wird in den Sommermonaten reichlich, aber nie zuviel, weil die weichen, fleischigen Wurzeln gegen Fußbäder etwas empfindlich sind. Im Winter tritt dann der Spritzball oder die Sprühdose in Aktion, die das Gießen so gut wie ersetzt und außerdem für saubere, staubfreie Blätter sorgt.

Gelegentlich beschmutzen die Woll-, Schmier- und Schildläuse das sonst immer untadelige Blätterkleid der Klivie, ohne der Pflanze jedoch ernsthaften Schaden zuzufügen. Mit einem Pflanzenschutzmittel werden dann sorgfältig die Blätter abgespritzt, ohne dabei die Blattachseln zu vergessen, weil gerade hier die Läuse sich mit ihrer Brut gerne häuslich niederlassen. Wohltuend und belebend für ältere Pflanzen wirkt ein Umtopfen, das aber nur alle 3–4 Jahre vonstatten gehen sollte, um die etwas behäbige Klivie nicht in ihrer Ruhe zu stören. – Vermehrung durch Seitensprosse, die man beim Umtopfen abtrennt und einzeln in nicht zu große Töpfe pflanzt.

Kokospalme
Cocos

Sie ist die bekannteste Fruchtpalme, die es gibt, und mit unserer Vorstellung von der Üppigkeit tropischer Flora eng verbunden. Im Zimmer bleibt uns die Kokospalme höchstens 2 Jahre erhalten, weil ihre Lichtansprüche sehr hoch sind. Länger lebt sie im Gewächshaus oder im Wintergarten bei gleichmäßigen Temperaturen und Lichtverhältnissen. Wenn möglich, stelle man sie von Mai bis September ins Freie, auf den Balkon oder in den Garten, am besten dorthin, wo die Mittagssonne nicht scheint. In unseren Breiten ist die Kokospalme sonnenempfindlich; im Zimmer kommt sie jedoch an den hellsten Platz.

Wärme kann sie dagegen genug bekommen, draußen sowieso in der Wohnung hält man sie bei 20–23 °C. Steht sie ganzjährig im Zimmer, empfiehlt es sich, für gute Lüftung durch Offenhalten der Fenster zu sorgen.

Genauso wichtig wie die regelmäßige Luftzufuhr im Sommer ist die Luftfeuchtigkeit. Da muß man sich schon die Mühe machen, die ganze Pflanze von oben bis unten zu besprühen. Gegossen wird von Mai bis September reichlich; dann werden die Wassergaben eingeschränkt, soweit es die Zimmertemperatur zuläßt. Dünger bekommen die Pflanzen von Mai bis August alle 14 Tage in Form eines Flüssigdüngers für Zimmerpflanzen. – Vermehrung aus Samen (den Kokosnüssen) gelingt nur bei hohen Temperaturen und hoher Luftfeuchtigkeit.

Cocos nucifera

Kroton
Codiaeum

Unübertroffen ist die Farbenpracht der Krotonblätter. Kein Maler könnte auf seiner Palette diese herrlichen, oft ineinander übergehenden, leuchtenden, gelben, roten, grünen, weißen oder braunen Farbtöne mischen. Hier ist der Natur zu unserer Freude ein ganz großer Wurf gelungen.

Diese Pflanzenkostbarkeit stellt natürlich ganz bestimmte Wünsche, die man unbedingt erfüllen sollte. Früher wuchs der Kroton nur in zweiseitig verglasten Blumenfenstern. Aber neue Sorten wurden gezüchtet, deren Widerstandsfähigkeit gegen trockene Zimmerluft beachtlich ist. Immerhin verlangen die Krotons hohe Temperaturen, die auch in der winterlichen Ruhezeit (Oktober bis Februar) nicht unter 18 °C absinken sollten. Diese Ruhepause – weniger gießen und nicht mehr düngen – muß unbedingt gewährt werden, einmal, damit die Pflanze sich kräftigt, und zum anderen, um keine Blattbildung im Winter aufkommen zu lassen: Diese Blätter bleiben nämlich sonst immer farblos und unansehnlich.

Regelmäßiges Gießen, oftmaliges Abspritzen der Blätter und vierzehntägliches Düngen von April bis August verhilft dem Kroton zu einem pflanzenwürdigen Dasein. – Die Vermehrung des Kroton ist etwas schwierig, sie gelingt eigentlich nur im Kleingewächshaus bei Temperaturen um 20–25 °C und einer Bodenwärme, die noch höher liegen soll. Wir machen daheim diese Anzuchtbedingungen nach, indem wir die Stecklinge zu mehreren in einen Topf stecken, diesen mit einer Folienhaube überziehen und ihn auf die Heizung stellen.

Codiaeum variegatum var. *pictum*

Kolumnee
Columnea

Besonders bewundert werden die Kolumneen wegen ihrer üppigen, blütenbesetzten Triebe, die lang und kaskadenförmig herunterhängen. Dazu gehören vor allem eine ganze Anzahl von *Columnea*-Hybriden mit roten und rosafarbenen, ja sogar mit gelben Blüten. Das ist zu beachten: keine direkte Sonne, aber einen hellen Standort, damit sich Knospen bilden und Blüten entwickeln können. Kolumneen blühen besser, wenn sie ganzjährig nicht unter 20 °C gehalten werden. Vorsichtig mit kalkarmem (zumindest abgestandenem), stets zimmerwarmem Wasser gießen. und von April bis September alle 3 Wochen schwach düngen.

Sollten die Blätter abfallen, dann schneiden wir die Triebe zurück, denn bald erscheinen wieder frische junge Triebspitzen. Eine Ausnahme bildet die mehr aufrechtwachsende *C.*-Hybride 'Stavanger', die im Winter zur Blütenbildung 30–40 Tage lang bei 15 °C gehalten werden soll. Sind die Knospen einen halben Zentimeter groß, kommen sie an einen warmen Platz. – Die Vermehrung ist nicht ganz einfach, kann aber gelingen. Dazu werden 6–8 Stecklinge, je etwa 5 cm lang, dicht bei dicht in einen mit Aussaaterde gefüllten Topf gesteckt, der warm aufgestellt wird. Zu empfehlen sind Temperaturen um 20–25 °C. Die Bewurzelung

Columnea-Hybride

dauert etwa 2–3 Wochen. Die Pflanzen werden dann, sobald die ersten frischen Blättchen zu sehen sind, in einen größeren Topf umgesetzt. Dazu nehmen wir eine normale Blumenerde, denn die Pflanzen sind robuster und anspruchsloser geworden. Die Temperatur für die bewurzelten Stecklinge kann wie bei den älteren Pflanzen bei etwa 18–20 °C liegen.

Keulenlilie
Cordyline

Die Keulenlilien sehen den Drachenbäumen (S. 68) zum Verwechseln ähnlich, und nur Spezialisten gelingt es, die Vertreter dieser beiden blattschönen Pflanzengattungen auseinander-

Cordyline fruticosa

zuhalten. Erst durch einen Blick auf die Wurzeln erhält man Aufschluß über die Gattungszugehörigkeit: Cordylinenwurzeln sind weiß, Drazänenwurzeln dagegen orangegelb gefärbt.

Von Cordylinen entstehen immer neue Sorten, die sich in der Farbenpracht ihrer roten, braunroten, rosa, rosa lila oder gelblichweißen Blätter dauernd zu übertreffen suchen. Die grünblättrige Stammart *C. fruticosa* ist längst aus dem Rennen. Klein und zierlich bleiben die Sorten 'Red Edge' und 'White Edge'.

Sie alle sind auffallend schöne und pflegewürdige Blattpflanzen mit durchaus erfüllbaren Ansprüchen. Die buntblättrigen Arten brauchen für die Färbung ihrer Blätter viel Licht, also sorgen wir für einen hellen Platz am Fenster. Für das Wohlbefinden dieser farbenprächtigen Blattpflanzen ist auch genügend Wärme notwendig; die untere Temperaturgrenze liegt bei 18 °C. Im Sommer erhalten sie vierzehntäglich einen tüchtigen Schuß Volldünger und zu allen Jahreszeiten ausreichend Wasser. – Vermehrung durch Kopf- und Triebstecklinge und durch Samen (frisches Saatgut verlangen).

Dickblatt
Crassula

Kaum ein Vertreter aus der arten- und sortenreichen Gruppe der Sukkulenten genießt solche Popularität wie der Geldbaum (*Crassula ovata*), von phantasievollen Blumenfreunden auch »Afrikanischer Affenbrotbaum« genannt. Er überdauert mit seinen zahlreichen rundlichdicken, glänzendgrünen Blättern ganze Generationen und ist so treu und anhänglich, daß er sogar das klimatische Auf und Ab des Zimmerpflanzendaseins gelassen übersteht. Wer von älteren Geldbäumen Blüten erwartet, sollte die Pflanzen den Sommer über in den Garten, auf den Balkon oder auf die Terrasse stellen und sie im Winter an einem kühlen Plätzchen nur wenig gießen. Die Ruhezeit von September bis Februar honorieren diese Dickblattgewächse außerdem durch ein gutes und gesundes Wachstum.

Sonst sind sie recht anspruchslos an Wasser und Nahrung. Den Sommer über lieben sie viel Wärme und frische Luft, im Winter Temperaturen unter 15 °C. Im Sommer wird der Geldbaum alle 14 Tage mit einem Kakteendünger versorgt. Ein Umtopfen wird nur etwa alle 3 Jahre nötig. Als Substrat sollte man Kakteenerde oder eine andere, nährstoffreiche, aber gut durchlässige und nicht zu schwere Erde bevorzugen.

Der Geldbaum wird wegen seines baumähnlichen Wuchses oft mit der ähnlichen »Deutschen Eiche« (*Crassula arborescens*) verwechselt. Die Blätter dieser Art sind jedoch dicker, graugrün gefärbt, rot gerandet und auf der Oberseite rot gepunktet. – Vermehrung beider Arten durch Stecklinge, die sich in Aussaaterde leicht bewurzeln.

Crossandre
Crossandra

Die Crossandre mit ihren lackgrünen Blättern und den hohen, tellerförmigen, in schönstem Orangerot leuchtenden Blütenständen ist allein schon deshalb die Pflege wert, weil die Pracht ihrer Blüte von langer Dauer ist und sich bereits an kleinen, jungen Pflanzen entwickelt.

Als Bewohnerin der tropischen Gebiete Asiens liebt sie vor allem Wärme und Feuchtigkeit über alles. Mit gleichmäßigen Temperaturen um 20 °C, reichlichen Wassergaben, einer 14tägigen Düngung und oftmaligem Duschen mit einem Spritzball oder einem Sprühgerät kann man ihr im Zimmer fast heimatliche Lebensbedingungen geben. Beim Gießen und Sprühen stets zimmerwarmes, abgestandenes Wasser verwenden. Besonders wichtig ist eine Ruhezeit von Oktober bis Januar, die durch konsequentes Nicht-mehr-Düngen unbedingt eingehalten werden sollte. – Vermehrung durch Stecklinge, die beim nötigen Rückschnitt im Frühjahr anfallen.

Zimmerzypresse
Cupressus

Die Zimmerzypresse (*Cupressus macrocarpa*) ist eine hübsche, locker wachsende Zypressenart, die sich nur für den Aufenthalt im Zimmer eignet. Wie die Zimmertanne (S. 38) ist sie ein echtes Nadelgehölz. Sie wird unter dem Sortennamen 'Goldcrest' in mehreren Formen angeboten: als aufrechtwachsender Busch, als Pyramide und als Hochstämmchen.

Von Mitte Mai bis Anfang Oktober darf die Zimmerzypresse auf den Balkon oder auf die Terrasse. Sie braucht im Freien Schutz vor direkter Sonnenbestrahlung und vor Zugluft. Im Zimmer fühlt sie sich an einem hellen, stets sonnenabgewandten Platz besonders wohl. Die Überwinterung sollte an einem frostfreien, hellen, kühlen Platz erfolgen. Geeignet sind Dielen, Treppenaufgänge und Schlafzimmer.

Crassula ovata

Crossandra infundibuliformis

Cupressus macrocarpa 'Goldcrest'

Die Zimmerzypresse ist eine anspruchslose Zimmerpflanze, verträgt gelegentliche Trokkenheit besser als zuviel Wasser. Bei Freiluftaufenthalt öfter gießen als im (ungeheizten) Zimmer. Steht sie zu dunkel, verliert sie ihren schönen, geschlossenen Wuchs. Von Mai bis August monatlich düngen, am besten Flüssigdünger in kleinen Portionen, halb soviel wie bei Blattpflanzen. – Vermehrung durch Stecklinge im Sommer.

Alpenveilchen
Cyclamen

Viel bewundert wird das Alpenveilchen aus der Familie der Primelgewächse, das auf den Namen *Cyclamen persicum* hört und nicht in den Alpen, sondern in Persien und in den östlichen Mittelmeerländern zu Hause ist. Neben der Pracht der auf schlanken, glatten Stielen stehenden, roten, rosa oder weißen Blüten gibt es Sorten mit zweifarbigen, gefransten, gefüllten oder duftenden Blüten, und sogar solche mit hübsch gefärbten Blättern. Gärtner züchteten auch Alpenveilchen in kleineren, niedrigen Formen, sogenannte Mini-Cyclamen (die klitzekleinen heißen Super-Minis), die sich auch für beengte Verhältnisse eignen.

Oft wird das Alpenveilchen als heikel hingestellt. Da hört man dann von unheilbaren Krankheiten, die es heimsuchen würden. Genau betrachtet stellt sich dann heraus, daß die Pflanzen Opfer von unzureichenden Lebensbedingungen sind. Dabei ist das Alpenveilchen anspruchslos und bescheiden, und seine wenigen Wünsche lassen sich mühelos erfüllen. Es bevorzugt kühle, sonnenabgewandte Plätze und blüht besonders lange in ungeheizten oder mäßig warmen Zimmern. Trockene Zimmerluft und überheizte Räume machen den schönsten Pflanzen bald den Garaus.

Besonders aufmerksam muß gegossen werden, schon deshalb, weil das Alpenveilchen bei regelmäßig und richtig verabreichten Wassergaben viel leichter ungünstige Lebensbedingungen übersteht. Das bedeutet reichlich gießen, und zwar von oben an den Topfrand. Manche Zimmergärtner meinen, Alpenveilchen dürften nur von unten gegossen werden, weil beim Von-oben-Gießen die Knolle faulen würde. Dabei ist die Knolle robust, widerstandsfähig und unempfindlich gegen Wasser. Dagegen darf kein Wasser an das »Herz« der Pflanze gelangen; hier, wo sich die Blätter und sämtliche Knospen bilden, befindet sich die »wasserscheue Zone« der Alpenveilchen.

Viele Blumenfreunde versuchen mit Erfolg, Alpenveilchen wieder zum Blühen zu bringen.

Cyclamen persicum-Sorten in verschiedenen Farben und Formen

Dies läßt sich auf verschiedene Weise bewerkstelligen: Nach einem alten »Gärtnerrezept« werden nach der Blüte die Gießgaben allmählich eingeschränkt, bis alle Blätter und Knospen verwelken. Dann kommen die Töpfe in einen luftigen Keller oder werden an einem schattigen Platz im Garten eingesenkt. Nur gelegentlich erhalten die Alpenveilchen einige Spritzer Wasser, denn sie sollen sich ausruhen und nicht zu treiben beginnen. Erst im August ist dann die Ruhezeit beendet: Die Knollen holt man aus den alten Töpfen und setzt sie in neue Gefäße und frische Erde. Beim Umtopfen beachten, daß die Knolle zu einem Drittel aus der Erde herausschaut! Diese »neuen« alten Alpenveilchen erhalten dann einen hellen Platz auf der Fensterbank und werden anfangs nur wenig gegossen. Je nach Zahl der sich nun bald zeigenden Blättchen sind die Wassergaben zu erhöhen. Und Wochen später erscheinen junge Knospen, die bald zu den ersehnten Blüten werden.

Nicht weniger erfolgversprechend ist die zweite Methode, bei der die Pflanzen das

Cyclamen persicum, Sorte mit gefransten Blüten

ganze Jahr über keine Ruhezeit erhalten, sondern ständig weiterwachsen und viel früher mit neuen Knospen und Blüten aufwarten. Voraussetzung für diese Art des Weiterlebens ist ein Umtopfen sofort nach der Blüte; dabei wird der Wurzelballen etwas gelockert und ein Teil der alten Erde abgeschüttelt. Es genügt, wenn der neue Topf eine Nummer größer ist. Nach einiger Zeit sterben zwar die alten Blätter ab, werden aber ständig durch neue ersetzt.

Besonders prächtig entwickeln sich die Alpenveilchen mit Sommeraufenthalt im Garten. So spät wie möglich holt man sie zuerst in ein kühles, und später dann in ein wärmeres Zimmer. Man sollte sich nicht scheuen, die Alpenveilchen in ein Schlafzimmer zu stellen. Übrigens blühen alte Knollen um vieles reicher als die von einjährigen, neu gekauften Pflanzen. Dagegen ist die Blattentwicklung bei den alten Exemplaren wesentlich geringer. – Vermehrung: Viel Spaß macht die Anzucht von Alpenveilchen aus Samen. Den gibt es zusammen mit einem Minitreibhaus, das auf jeder Fensterbank Platz findet, überall in wohlsortierten Gartenfachgeschäften.

Zypergras
Cyperus

Außergewöhnlich in Gestalt und Lebensweise und bescheiden in seinen Ansprüchen, gehört das Zypergras schon seit langem in die vorderste Reihe empfehlenswerter Zimmerpflanzen.

Der Aquarianer weiß die Zypergräser wegen ihrer großen Vorliebe für das feuchte Element zu schätzen und stellt einen Zypergrastopf entweder mitten ins Aquarium oder legt einige abgeschnittene Blattquirle mit etwa 5 cm langen Stielen einfach auf die Wasseroberfläche, wo sie dann bald zu wurzeln beginnen.

Das Zypergras wächst auch in Erde, die aber immer »sauer« reagieren soll, was sich durch Torfzusätze leicht erreichen läßt; denn Kalk, in der Erde und im Gießwasser, ist der große Widersacher dieser robusten Pflanzen. Zypergrastöpfe stelle man am besten in stets mit Wasser gefüllte, hohe Untersetzer, um dem Feuchtigkeitsbedürfnis der Pflanzen zu entsprechen. Nur *C. albostriatus* mag es weniger naß. Gedüngt wird 14täglich von April bis August. Zypergräser wachsen sowohl in der Sonne wie im Schatten. Im Sommer dürfen sie auch auf den Balkon oder auf die Terrasse. – Vermehrung durch Teilung des Wurzelstockes oder einfach, indem man die Blattquirle auf ein wassergefülltes Gefäß legt.

Cyperus albostriatus

Dieffenbachie
Dieffenbachia

Voll besetzt mit großen, breiten, wunderhüsch gefleckten oder gestrichelten Blättern sind die Stämme der Dieffenbachie. Die Schönheit der Blattfärbung und die Gleichmäßigkeit der Blattform dieses Aronstabgewächses ist ohnegleichen. Dieffenbachien bringen auch Blüten hervor, die allerdings das Wachstum bremsen. Im Handel erhältlich sind mehrere Arten und eine Vielzahl von *D.*-Hybriden, jeweils mit unterschiedlicher Blattzeichnung.

Dieffenbachien möchten hell stehen, aber von Sonnenstrahlen unbehelligt bleiben. An einem allzu schattigen Platz werden die Blätter immer kleiner und unansehnlicher. Das hochwachsende Blattgewächs hat es gerne warm, bei ganzjährigen Temperaturen von mindestens 18 °C, am besten höher, und sollte vor Zugluft immer geschützt bleiben. Was sie ebenfalls nicht verträgt, ist Trockenheit. Regelmäßige Wassergaben sind also nötig, wie auch das Abwaschen der Blätter mit einem feinstrahligen Spritzbad, das auf die blattschöne Pflanze wie ein Jungbrunnen wirkt. Beim Gießen und Sprühen stets abgestandenes, zimmerwarmes Wasser verwenden. Kenner gewähren der Dieffenbachie eine Ruhezeit von September bis März, damit in der lichtarmen Zeit nicht kleine, kaum lebensfähige Blätter gebildet werden. Diese Ruhezeit besteht aus einem strikten Nicht-mehr-Düngen und dem Einschränken der Wassergaben. Dafür werden die Blätter gelegentlich abgesprüht.

Höchstens alle 3–4 Jahre wird umgetopft, und zwar in einen nicht zu großen Topf und in normale Blumenerde, der man auch einige Holzkohlenstückchen zufügen sollte. Eine regelmäßige wöchentliche Düngung von April bis August – aber auch nur in diesem Zeitraum – fördert die Blattbildung und das allgemeine Wohlbefinden ungemein. Sollte die Pflanze groß und kahl geworden sein, kann man sie bis 10 cm über dem Topfrand zurückschneiden. – Vermehrung durch Kopf- oder Stammstecklinge bei hoher Wärme.

Dieffenbachia amoena

Dipladenie
Dipladenia

Die Dipladenie ist eine rankende, halbstrauchig wachsende Pflanze mit hübschen grünen, fast derben Blättern und wunderschönen rosafarbenen, weißen oder dunkelroten, glockenähnlichen Blüten. Diese lianenartig schlingende Verwandte des Oleander und des Immergrün besitzt die Vorzüge ihrer robusten Vettern: Blühwilligkeit und Haltbarkeit. So darf man die Dipladenie als »zimmerwürdig« empfehlen, nicht zuletzt, weil die prächtigen Blüten 3–4 Wochen an den langen, dünnen Ästen sitzenbleiben.

Ihre Wünsche kann jeder erfüllen: einen hellen, nie aber sonnigen Platz im Zimmer, reichliche Wassergaben in der Hauptwachstumszeit von März bis August, dann Gießgaben einschränken und in einem nicht zu warmen Zimmer überwintern. Dipladenien bevorzugen nicht zu große Töpfe und eine »leichte« Erdmischung (Sand zusetzen) oder normale, handelsübliche Blumenerde. Umgepflanzt

Dipladenia sanderi

wird im zeitigen Frühjahr. – Vermehrung durch Stecklinge im Frühjahr. Töpfe auf die Heizung oder ins Vermehrungsbeet stellen.

Drachenbaum
Dracaena

Die schöne Blattpflanzengruppe der Drachenbäume ist außerordentlich reich an Arten und Sorten. Bei der Auswahl wird man sich nach dem vorhandenen Platz richten müssen, weil es Riesen, Zwerge und auch normalwüchsige Drazänen gibt. Zu beachten sind die schönen bunt- und schmalblättrigen Arten wie *Dracaena marginata.* Diese wächst langsam und entwickelt einen hübschen Blätterschopf auf dem immer kahler werdenden Stämmchen.

Buntblättrige Formen wie *D. marginata* 'Tricolor' und verschiedene Sorten von *D. deremensis* und *D. fragrans* benötigen etwas mehr Licht als die grünen; alle aber dürfen auf keinen Fall in der direkten Sonne stehen. Die Wintertemperaturen sollten möglichst nicht unter 15 °C bleiben. Lediglich die robusten und breitwüchsigen Arten *D. draco* und *D. fragrans* überwintern lieber etwas kühler, ähnlich wie Balkon- und andere Kübelpflanzen bei 8–10 °C.

Dracaena marginata

Dracaena fragans

Während des Sommers reichlich gießen, sonst Wassergaben der Zimmertemperatur anpassen. Nie zu naß halten, Blattfall ist die Folge. Von April bis Juli 14tägig düngen. Ruhezeit von Oktober bis Januar. Für Hydrokultur geeignet. – Vermehrung durch Kopfstecklinge oder Stammstücke von mindestens 10 cm Länge. Auch Aussaat ist möglich.

Blattkaktus
Epiphyllum

Die Schönheit ihrer Blüten ist überwältigend. Sie findet unter den Kakteen und anderen Sukkulenten nicht ihresgleichen. Dabei entfaltet sich die Farbenpracht ihrer roten, schwefelgelben, rosaroten oder weißen Blumen bei denkbar wenig Pflegemühe.

Blattkakteen möchten einen zugfreien Platz am sonnigen bis halbschattigen Fenster. Gerne stehen sie auch den Sommer über im Garten, etwas absonnig und gegen zuviel Regen geschützt. Nach der Blüte kann umgetopft werden, sofern die bisherige Pflanzerde verbraucht ist. Empfohlen sei eine spezielle Kakteenerde.

Nur junge Pflanzen benötigen ein größeres Pflanzgefäß; alte Exemplare können wieder in denselben Topf. Man verjüngt sie durch Abschneiden alter, auch abgestorbener Wurzeln und durch das Auslichten von Trieben. Alte, ausgeblühte Blätter und auch dünne »Spieße« sind nutzloser Ballast für die Pflanzen und können ohne weiteres ausgeschnitten werden.

Epiphyllum-Hybride

Epipremnum pinnatum

Efeutute
Epipremnum

An einem nicht zu hellen, sonnigen Fensterplatz vermag die Efeutute besonders gut ihre hübsche goldgelbe Zeichnung auszubilden, die ihr früher den Namen *Scindapsus aureus* (*aureus:* lateinisch für goldgelb) einbrachte. Aus dieser Gattung ist die gefleckte Efeutute (*Scindapsus pictus*) eine beliebte Blattschmuckpflanze. Von *E. pinnatum*, der verbreitetsten Art, gibt es seit einiger Zeit Namenssorten mit starker Blattfärbung, die sich durch große Beständigkeit der Farbe auszeichnen. Die Anspruchslosigkeit und das schnelle Wachstum der Efeutute ist Legende. Sie kann aufrecht an sogenannten Moosstämmen oder mit herabhängenden Trieben in Ampeln gezogen werden.

Prächtig wachsen Efeututen an Moosstämmen, da die Möglichkeit, in das Moos zu wurzeln, ihrer natürlichen Lebensweise am ehesten entspricht. Sonst wünschen diese fleißigen Kletterer Temperaturen von 15–20 °C. Mäßig feucht halten und von April bis September alle 14 Tage düngen. Im Winter wenig gießen und Düngung einstellen. Alle 2–3 Jahre umpflanzen und regelmäßig zurückschneiden. – Zur Vermehrung verwenden wir nicht nur die Triebspitzen, sondern auch die übrigen Teile der Stiele, die aber mindestens 2–3 gut entwickelte Blätter vorweisen müssen. Immer daran denken: Keine zu großen Töpfe für die Stecklinge wählen, damit sie nicht faulen.

Blüten bilden sich nur an zweijährigen oder älteren Trieben. Mit dem nahenden Herbst sollten die Wassergaben verringert und auch das Düngen eingestellt werden. – Vermehrung durch Triebspitzen und Blatteile (8–10 cm lang).

Epiphyllum-Hybride

Christusdorn
Euphorbia milii

Der seit alters beliebte, blühfreudige und unkomplizierte Christusdorn wurde durch niedrigbleibende und großblumige Züchtungen beträchtlich aufgewertet. Sie überraschen durch die etagenartige Anordnung der Zweige, die von roten, rosa, gelben oder hellvioletten Blüten fast völlig bedeckt werden.

Der Christusdorn hat es das ganze Jahr über gern hell und sonnig. Er ist unempfindlich gegen hohe Zimmertemperaturen und Lufttrockenheit. Zu empfehlen ist ein »warmer Fuß«, daß heißt ein Platz über einem Heizkörper. Dank seiner Reichblütigkeit gehört der Christusdorn zu den idealen Pflanzen für Südfenster und andere sonnige Plätze.

Da dieser »Kaktus« (eigentlich ein Wolfsmilchgewächs, wie auch der Weihnachtsstern) Blätter besitzt, sollte er regelmäßig gegossen werden; bei höheren Temperaturen mehr, bei niedrigen wenig. Dünger erhält der Christusdorn in 14tägigen Abständen von März bis September. Umgetopft wird (am besten mit Handschuhen) in Blumenerde mit Sandzusatz. – Vermehrung durch Stecklinge. Die Triebe nach dem Schneiden abtrocknen lassen, bevor sie gesteckt werden.

Euphorbia milii

Weihnachtsstern
Euphorbia pulcherrima

Vielen Pflanzenfreunden ist der Weihnachtsstern noch unter dem Namen Poinsettie (nach dem alten Gattungsnamen *Poinsettia*) bekannt. Was wir bei ihm bewundern, sind nicht die Blüten – diese sind winzig klein wie bei allen Wolfsmilchgewächsen und gelb – sondern die rot, rosa, gelb oder weiß gefärbte Hochblätter, deren Farbenpracht oft monatelang erhalten bleibt. Besonders reizvoll sind die mehrfarbigen Sorten. Weihnachtssterne gibt es in verschiedenen Größen und als Schnittblumen mit einem oder mehreren Stielen, als Minis und als Hochstämmchen, deren Anzucht allerdings mehrere Jahre in Anspruch nimmt.

Weihnachtssterne wirken schon als Einzelpflanzen schön, besonders aber, wenn man mehrere Töpfe – am besten mit Pflanzen in verschiedenen Farben und Größen – als Gruppe nebeneinander aufstellt. Eine ganze Fensterbank voller bunter Sterne ist einmalig schön.

Weihnachtssterne wollen hell stehen, aber nicht von der Sonne beschienen werden. Normale Zimmertemperatur genügt, aber nie unter 18 ° C. Sie können den Sommer auch an einem geschützten Platz im Freien verbringen. Regelmäßig gießen, jedoch Staunässe vermei-

Euphorbia pulcherrima in verschiedenen Formen und Farben

den. Nicht besprühen, das gibt Flecken auf Blättern und Blüten.

Wer Weihnachtssterne weiterpflegen will, beachte: Nach der Blüte im Frühjahr stark zurückschneiden, weniger gießen und neu eintopfen. Als Substrat eignet sich normale Einheits- bzw. Blumenerde. Von Juni bis Oktober alle 14 Tage düngen. Zur besseren Blütenbildung ab Oktober dunkler stellen, oder, noch besser, einen Karton überstülpen: Die Sterne brauchen 12 Stunden pro Tag völlige Dunkelheit, damit sich neue Blüten bilden. Achtung: Selbst die Straßenbeleuchtung kann die Blütenbildung verzögern! – Vermehrung durch Kopfstecklinge im Sommer. Vorsicht: Der beim Schnitt austretende Milchsaft ist giftig und reizt die Bindehäute der Augen. Deshalb Stecklinge in heißes Wasser stellen oder kurz über eine Flamme halten und sich nach dem Schneiden gründlich die Hände waschen.

Efeuaralie
x *Fatshedera*

Die schmal aufrechtwachsende, anspruchslose Kreuzung aus Aralie und Efeu mit grünen, weiß- oder gelbbunten Blättern zeichnet sich durch schnelles Wachstum aus.

Sie wünscht einen hellen bis halbschattigen Platz und keine direkte Sonne. Die buntblättrigen Sorten sollte man heller stellen. Die Efeuaralie kann im Sommer an einem sonnenabgewandten Platz auf dem Balkon oder der Terrasse stehen. Normale Zimmertemperaturen, aber nicht über 20 °C, im Winter bis zu 12 °C, wären ideal.

Das sind die Wünsche dieser robusten Pflanze: Mäßig feucht halten, vor allem im Winter weniger gießen. Von April bis September alle 14 Tage düngen. Pflanzen hin und wieder besprühen. Umtopfen alle 2–3 Jahre.

Durch Stutzen läßt sich die Pflanze buschiger halten. – Vermehrung durch Stecklinge im Sommer. Zu empfehlen: Gleich drei Triebe in einen Topf stecken.

Aralie
Fatsia

Rasch wachsende, robuste Grünpflanze mit tief geschlitzten, ledrig glänzenden Blättern. Es gibt auch Sorten mit weißbunt gescheckten Blättern.

Die Aralie ist bescheiden. Sie steht gerne an einem hellen bis schattigen Platz im Zimmer und im Sommer an einer sonnenabgewandten Stelle im Freien. Im Winter hat sie es lieber kühl als warm. Dabei genügt es, die Pflanze möglichst weit entfernt vom nächsten Heizkörper aufzustellen.

Es empfiehlt sich, mäßig zu gießen, nur im Sommer (vor allem bei einem Freiluftaufenthalt) werden die Wassergaben erhöht. Von April bis September alle 14 Tage düngen. Nur junge Pflanzen sollte man zurückschneiden, bei älteren beeinträchtigt jeder Schnitt die Attraktivität. – Vermehrung durch Aussaat und Stecklinge.

x *Fatshedera lizei*

Fatsia japonica 'Variegata'

Birkenfeige
Ficus benjamina

Dies ist ein kleinblättriger Verwandter des Gummibaums, der wegen seiner überhängenden Zweige und der ähnlichen Belaubung Birkenfeige genannt wird und so gar nichts von der starren Haltung der großblättrigen *Ficus*-Arten hat. Wem die grüne Form nicht zusagt, halte sich an Sorten mit noch zierlicheren, gelb- und weißbunten Blättern; besonders hübsch gefärbt ist die Sorte 'Starlight'. Die gelbbunte Form 'Hawaii' gehört dagegen zu der Feigenbaum-Art *F. microcarpa*, die von *F. benjamina* kaum zu unterscheiden ist, höchstens durch die etwas straffere Haltung der Zweige. Bei den *F. benjamina*-Formen werden hin und wieder drei Pflanzen – zu einem Stamm zusammengedreht – in einem Topf angeboten.

Ficus benjamina

Birkenfeigen schätzen es, bei einem ganzjährigen Aufenthalt im Zimmer den Sommer über jede Woche wenigstens einmal besprüht zu werden. Sie wachsen problemlos an einem hellen, sonnenabgewandten Platz bei normalen Zimmertemperaturen, die im Winter nicht unter 10 °C bleiben sollen. Die buntblättrigen Formen sollten besonders hell und wärmer stehen sowie vor Zugluft geschützt werden.

Hält man die Birkenfeigen mäßig feucht, vermeidet Staunässe und gießt mit abgestandenem, zimmerwarmem Wasser, bleiben sie gesund. Gedüngt wird von März bis August in 14tägigem Abstand. Ein Umtopfen ist nur dann nötig, wenn die Wurzeln aus dem Topf drängen. – Vermehrung durch Kopfstecklinge.

Gummibaum

Ficus elastica

Ficus elastica

Der beliebte Gummibaum stellt sich in verschiedenen Formen vor, die sich durch Form und Farbe ihrer Blätter unterscheiden. Zuerst *Ficus elastica* mit länglichen, leicht herabhängenden Blättern, dann die Sorte 'Decora' mit breiteren, waagerecht abstehenden Blättern und die Formen mit weißlichen Blattflecken oder grauweißen Tönungen. Besonders reizvoll ist eine Sorte mit gelbgetuschten Blättern.

Alle Gummibäume wollen hell stehen und vertragen keine pralle Sonne. Bei ganzjährigem Aufenthalt im Zimmer genügen normale Zimmertemperaturen, die auch im Winter nicht unter 18 °C betragen sollen. Achtung vor Zugluft! Die buntblättrigen Sorten wollen besonders hell und auch ein bißchen wärmer stehen.

Der Gummibaum wird mäßig feucht gehalten. Beim Gießen unbedingt Staunässe vermeiden! Die meisten Gummibäume werden zuviel gegossen. Töpfe nicht auf Stein- oder Marmorplatten stellen, denn Gummibäume lieben einen warmen Fuß. Blätter regelmäßig feucht abwaschen. Dazu und zum Gießen nur zimmerwarmes, abgestandenes Wasser verwenden. Von März bis August alle 14 Tage düngen. Jüngere Pflanzen werden öfter umgetopft als ältere. Das darf aber nur bei völliger Durchwurzelung im Frühjahr passieren. Durch Stutzen der Triebe bildet sich eine vielästige, attraktive Krone. – Vermehrung durch Kopfstecklinge. Töpfe mit den Stecklingen zum Bewurzeln mit Plastiktüten umhüllen und auf die Heizung stellen.

Geigenfeige
Ficus lyrata

Eine bemerkenswerte Feigenbaum-Art, die große, geigenförmige, hell geaderte Blätter von 50–60 cm Länge besitzt. Die schöne Feige kommt erst so recht zur Geltung, wenn sie im Zimmer ohne einengende Nachbarschaft anderer Zimmerbäume stehen darf.

Wie der Gummibaum wächst auch die Geigenfeige am besten an einem hellen, sonnenabgewandten Platz und bei normalen Zimmertemperaturen, die im Winter nicht niedriger sein sollten.

Gegossen wird eher mäßig; die Erde darf gelegentlich trocken werden. Regelmäßiges Abspritzen der Blätter ist zu empfehlen, genauso wie die Düngung von April bis August im Abstand von 14 Tagen. – Vermehrung durch Kopfstecklinge unter einer Plastikhaube; auch Abmoosen ist möglich.

Kletterfeige
Ficus pumila

Raschwachsend und widerstandsfähig sind die Kletterfeigen mit ihren kleinen, festen, je nach Sorte dunkelgrünen oder weißbunten, gekerbten oder gekrausten Blättchen. Sie wirken an Moosstämmen kletternd genauso reizvoll und natürlich wie Ampelpflanzen. In Hydrokultur besonders wachstumsfroh.

Die kleinblättrige Verwandte des Gummibaums wächst bei allen Licht- und Temperaturverhältnissen. Nur die Sonne mag sie nicht.

Wasser wünscht die Kletterfeige, wenn es im Zimmer recht warm ist, 3–4mal die Woche. Sinkt das Thermometer unter 15 °C, reicht es aus, wenn jeden 3. Tag gegossen wird, und

Ficus lyrata

Ficus pumila

zwar mit abgestandenem, zimmerwarmem Wasser. Dünger ist erwünscht von März bis August alle 14 Tage. – Vermehrung durch Stecklinge, je nach Topfgröße 3–5 Triebe in einen Topf. Sie wurzeln schnell, wenn man eine Folie darüberstülpt oder Teilstecklinge verwendet, die schon mit Wurzeln ausgestattet sind.

Fittonie
Fittonia

Fittonien sind niedrig wachsende, krautartige Pflanzen mit wunderschön gefärbten Blättern. Der Blumenfreund schätzt sie aus gutem Grund: Sie wachsen selbst in dunklen Ecken, wo viele andere Zimmerpflanzen hilflos kapitulieren. Auch ihr buntes Blätterkleid funkelt an schattigen Plätzen, daß es nur so eine Freude ist. Die sengenden Strahlen der Sonne sind sogar unerwünscht.

Fittonia verschaffeltii 'Argyroneura' ist die beliebteste Sorte; niedrig wachsend, erfreut sie durch schöne, silbrigweiß geaderte Blätter, die an behaarten Stengeln sitzen. *F. verschaffeltii* 'Pearcei' wird wegen ihrer karminroten Adern noch höher eingeschätzt.

Alle Fittonien wollen regelmäßig gegossen und recht oft »geduscht« werden. Zimmerwarmes, abgestandenes Wasser verwenden. Eine 14tägige Düngung, die von Oktober bis März eingestellt wird, genügt ihnen völlig für ein gutes Wachstum. Immer aber sind diese farbschönen Zwerge vor Zugluft zu schützen. Die Temperaturen sollten im Winter bei 18–20 °C liegen. – Vermehrung: im Frühjahr und Sommer durch Stecklinge.

Fittonia verschaffeltii

Gardenie
Gardenia

Viel Ähnlichkeit mit der Kamelie hat die früher so beliebte Gardenie. Von den 50–80 cm hohen, strauchartig wachsenden Pflanzen blüht die bekannteste Sorte *Gardenia jasminoides* 'Veltchii' im September. Die vornehm wirkende Pflanze mit den herrlich duftenden, großen, gefüllten Blüten liebt einen hellen, aber sonnenabgewandten Platz, Temperaturen, die im Winter 18 °C nicht überschreiten und während der Wachstums- und Blütezeit regelmäßige Feuchtigkeit (Achtung, Fußbäder können tödlich sein!). Zu empfehlen ist enthärtetes, also kalkfreies, auf jeden Fall aber abgestandenes, zimmerwarmes Wasser.

Ab Mai bis Mitte September stehen Gardenien gerne an der frischen Luft, aber nur dort, wo die Sonne nicht hinscheint. Gedüngt wird von März bis August in 14tägigen Abständen. Beim Umpflanzen, das nur alle 4–5 Jahre nötig wird, verwendet man eine stark torfhaltige Blumenerde (Rhododendronerde wie Planta-Rhodo). Wenn die Blätter gelb werden, so liegt das entweder an kalkhaltigem Wasser, an stehendem Wasser im Untersatz oder an Unterkühlung der Wurzeln. Gießen mit zimmerwarmem Wasser und Verwendung eines Wasserenthärtungsmittels (siehe S. 140) lassen die Gelbsucht gar nicht erst aufkommen. – Vermehrung durch Stecklinge im Frühjahr oder August. Sie wachsen nur bei Bodentemperaturen um 25 °C an.

Gardenia jasminoides

Australische Silbereiche
Grevillea

Die robuste, anspruchslose und schnellwachsende Australische Silbereiche gehört zur Gruppe der »Zimmerbäume«. Die feingefiederten Blätter und der lockere Wuchs machen sie zu einem gerngesehenen Gast in Zimmern und Dielen.

Die Wünsche der Silbereiche – den Namen hat sie wegen des silbrigen Schimmers der Blätter – sind leicht zu erfüllen. Während der Wachstumszeit erhält sie einen hellen, nie aber sonnigen Platz in Fensternähe bei Zimmertemperaturen von 15–18 °C. Im Winter dagegen kann sie kühler stehen, nie aber im Dunkel lichtferner Zimmerecken. Je nach dem Entwicklungszustand von Blättern und Trieben erhält die Silbereiche auch hohe Nährstoffgaben, und zwar alle 14 Tage von März bis August. Achtung beim Gießen: Ein einmaliges Austrocknen oder ein mehrstündiges Fußbad genügen, um der Pflanze schwere Schäden zuzufügen. Beim Gießen deshalb immer die Zimmertemperatur, die Jahreszeit (Ruhezeit mit weniger Wassergaben im Winter) und den Wachstumszustand der Silbereiche genau berücksichtigen. Umgetopft wird bei Bedarf in normale Einheitserde. – Vermehrung durch Aussaat.

Grevillea robusta

Guzmanie
Guzmania

Die *Guzmania*-Hybriden fallen durch ihre stark gefärbten Hochblätter auf, die wirkungsvoll den eigentlichen Blütenstand umgeben. Die trichterförmigen Rosetten dieser Bromelien können je nach Art und Sorte 50 cm Höhe und einen ebenso großen Durchmesser erreichen. Die Blütezeit erstreckt sich von November bis in den Januar hinein.

Neben den *Guzmania*-Hybriden mit meist grünen Blättern ist die Art *G. musaica* bemerkenswert: Ihre Blätter weisen feine braune Querbänder auf.

Guzmanien brauchen einen hellen, sonnenabgewandten Platz, stehen gerne warm (nicht unter 16–19 °C) und haben keine Probleme bei normalen Zimmertemperaturen. Gegossen wird in den Trichter, aber mit kalk-

Verschiedene *Guzmania*-Arten und -Hybriden

freiem (abgestandenem), zimmerwarmem Wasser. Während der Hauptwachstumszeit von März bis August öfter besprühen und in vierwöchentlichen Abständen schwach düngen (Hydrokultur- oder Orchideendünger). – Vermehrung durch Kindel, die an der Seite der abgestorbenen Mutterpflanze erscheinen. Über die Töpfchen eine Plastikhaube oder ein Glas stülpen.

Guzmania lingulata var. minor

Gynure
Gynura

Gynuren sind tropische Kletter- und Rankpflanzen mit behaarten, violett schimmernden Blättern, die nur auf der Oberseite einen grünlichen Streifen aufweisen. Stiele und Blattunterseiten sind ebenfalls violett gefärbt, so daß die ganze Pflanze in der Sonne eine große Farbleuchtkraft besitzt und sehr dekorativ aussieht. Ältere Pflanzen entwickeln orangegelbe Blütenköpfchen, die leider einen sehr unangenehmen Geruch ausströmen.

Sie wünschen Zimmertemperaturen nicht unter 18 °C, keine übermäßigen Wassergaben und eine 14tägige Düngung von Mai bis September.

Gynuren vertragen und wünschen sogar volle Sonne, um die Farbenpracht ihrer Blätter richtig entwickeln zu können. An dunklen Plätzen werden sie zu richtigen Bleichgesichtern. Wenn die Triebe etwa 15 cm hoch geworden sind, ist für ein Rankgerüst zu sorgen. – Vermehrung: Von unansehnlich gewordenen Gynuren schneiden wir die Spitzen ab und verwenden sie als Stecklinge. Nach dem Bewurzeln wachsen sie schnell wieder zu imponierender Größe heran.

Gynura aurantiaca

Haemanthus albiflos

Elefantenohr
Haemanthus

Das behäbige Elefantenohr sieht mit seinen zungenförmigen, dicken, am Rand haarigen Blättern und seinen weißen, von gelben Staubgefäßen geschmückten, im Frühjahr erscheinenden und wie Pinsel aussehenden Blüten recht ungewöhnlich aus. Unverwüstlich wie ein richtiger Dickhäuter, übersteht es gelassen trockene Zimmerluft. Es steht gerne in voller Sonne und verlangt im Sommer nur 5–6mal einen Düngeguß. Gegossen wird das Elefantenohr auch im Winter, wenn auch etwas weniger als zu den anderen Jahreszeiten. Es wächst in warmen wie in kühlen Räumen und gehört deshalb zur ersten Garnitur ausdauernder Blütenpflanzen. – Vermehrung durch Abtrennen der Kindel.

Osterkaktus
Hatiora

Der Osterkaktus unterscheidet sich vom verwandten Weihnachtskaktus durch die Blütezeit und die Form der Blätter. Die Glieder des Osterkaktus sind rund und zumeist rötlich gefärbt. Es gibt 3 Osterkaktus-Arten, die sich recht ähnlich sind. Die kleinen Büsche bedecken sich zur Blütezeit bei *H. gaertneri* mit scharlachroten, bei *H.* x *graeseri* mit innen rosa, außen rot gefärbten Blüten. Die später blühende Art *H. rosea* hat rosarote bis hellviolette Blüten zu bieten.

Hatiora x *graeseri*

Gut zu wissen, daß Osterkakteen empfindlicher und anspruchsvoller sind als Weihnachtskakteen. Sie brauchen mehr Wärme und sollten auf jeden Fall mit abgestandenem, zimmerwarmem Wasser mäßig gegossen werden. Nach der Blüte etwa 4 Wochen lang weniger gießen und nicht mehr düngen. Danach bis August alle 14 Tage schwach düngen. Im Zimmer wünschen Osterkakteen im Sommer einen halbschattigen, im Winter einen hellen Platz bei 10–12 °C. – Vermehrung durch Stecklinge (Triebspitzen mit 3–5 Blättern).

Efeu
Hedera

Wohl kaum eine Zimmerpflanzengattung ist so reich an Formen und Varietäten wie der Efeu. Blumenfreunde mit Sammlerleidenschaft können es leicht auf 30 und mehr Formen dieser liebenswerten Kletterpflanze bringen. Für das Zimmer sind vor allem klein- und buntblättrige Formen geeignet, die sich jeweils in Größe, Form und Farbe deutlich unterscheiden.

Sie halten sich besonders gut und lange, wenn man ihrem großen Wasserbedürfnis Rechnung trägt. Der Efeu reagiert sofort auf Trockenheit durch Gelbwerden und Abstoßen seiner zierlichen, kleinen Blätter. Wenn er auch keine Sonne liebt, so wollen vor allem die hübschen buntblättrigen Zimmerefeu-Sorten doch hell stehen und nicht so oft von einem Platz zum anderen wandern. Die Gießkanne sieht der Efeu gern, nicht aber die Flasche mit dem Dünger: Durch reichliche Düngung im Verein mit zu nährstoffreicher Erde werden die Blätter größer, als es der Schönheit der Pflanze zuträglich ist. Auch zu hohe Temperaturen beeinflussen das Blattwachstum in dieser Richtung.

Hedera helix

Neben den zahllosen Sorten des heimischen Efeus (*Hedera helix*), der auch im Garten beliebt ist, werden noch einige Efeu-Arten als Zimmerefeu angeboten. Alle sind sie fleißige Ranker und Kletterer, wenn auch das Tempo ihres Wachstums von Sorte zu Sorte recht unterschiedlich ist; der kundige Zimmergärtner wird sich bei der Aufstellung – im Topf mit kleinem Spalier oder in der Ampel – immer nach der Wuchsform und dem Wachstumstempo richten. – Vermehrung: Der Efeu läßt sich im ganzen Jahr durch Stecklinge vermehren, die sich schnell und leicht in Aussaaterde oder einfach nur in Wasser bewurzeln.

Hibiscus rosa-sinensis-Sorte

Hibiscus rosa-sinensis-Sorte

Roseneibisch, Hibiskus
Hibiscus

Die Farbenpracht und die Leuchtkraft der großen roten, gelben oder gescheckten Trichterblüten, die in unaufhörlicher Folge fast das ganze Jahr an diesem Zimmerstrauch erscheinen, macht den Roseneibisch zu einer Blütenpflanze ersten Ranges für Zimmer und Balkon. Ihr strauchiger, breiter und rascher Wuchs ließ sie früher nur die Rolle einer vielbewunderten Kübelpflanze spielen. Heute blüht der Roseneibisch auch an sonnigen Zimmerfenstern, weil schon die jungen, niedrigen Pflanzen aus jeder Blattachsel eine Blüte bringen. Durch das schnelle Wachstum und die Vielzahl der Blüten ist das Nährstoffbedürfnis des Hibiskus natürlich recht hoch. Reichliche Wassergaben, vor allem im Sommer, wöchentliche Düngegaben von März bis September, eine Ruhezeit im Winter und normale, handelsübliche Blumenerde sorgen erst für Blütenreichtum und Wachstumsfreude.

Im Zimmer liebt der Roseneibisch helle, möglichst sonnige Plätze. Im Sommer steht er gerne im Garten, auf dem Balkon oder der Terrasse, und im Winter bevorzugt er den Aufenthalt in nicht zu kühlen Räumen; hier darf die Temperatur nicht unter 12 °C absinken. Ein kräftiger Rückschnitt der Triebe im Frühjahr sorgt für ein buschiges Aussehen und verhindert das In-die-Höhe-Wachsen. – Vermehrt wird durch Stecklinge im Frühjahr.

Ritterstern, Amaryllis
Hippeastrum

Alljährlich zur Winter- und Vorfrühlingszeit ist der Ritterstern bzw. die Amaryllis – ihr richtiger botanischer Name ist *Hippeastrum* – unumstrittener Blütenmittelpunkt am Zimmerfenster. Dann nämlich entfalten sich von der Spitze eines hohen, dicken Blütenschaftes gleich zu mehreren die herrlichen und lange haltbaren, weißen, rosafarbigen, leuchtendroten oder gestreiften Blumen.

Amaryllis-Liebhaber schätzen neben diesen *Hippeastrum*-Hybriden auch die immergrüne, »ruhezeitlose« *Hippeastrum aulicum;* diese Art mit ihrer Varietät *robustum* blüht schon von August bis Oktober.

Sie unterscheiden sich aber nicht nur in der Blütezeit, sondern auch in Lebensweise und Pflegeansprüchen. Die bekannteren und am meisten verbreiteten Hybriden werden im November/Dezember in nicht zu große Töpfe gesetzt. Das Pflanzen von Amaryllis-Zwiebeln kann aber genausogut noch im Februar/März erfolgen. Passionierte Liebhaber dieser herrlichen Blütenpflanze setzen sie in 14täglichen Abständen auf, um sich dann monatelang an den herrlichen Blüten zu erfreuen! Beim Einpflanzen achte man darauf, daß die Zwiebel zu zwei Dritteln ihrer Größe aus der Erde herausragt, um sicher vor der Pilzkrankheit »Roter Brenner« zu sein. Zu empfehlen ist deshalb diese Pflanzmethode: Im Topf ein paar Handvoll Erde zu einem Kegel formen, die Zwiebel auf dessen Spitze setzen, die Wurzeln sorgsam nach allen Seiten verteilen und dann die restliche Erde nachfüllen.

Hippeastrum-Hybriden

Um Wurzelschäden zu vermeiden, wird der Topfgrund vor dem Einpflanzen mit zerstoßenen Topfscherben ausgelegt und dann erst mit Erde ausgefüllt. Danach kommt der Amaryllistopf ins warme Zimmer, und zwar gleich an einen hellen, sonnigen Platz. Die Gießkanne tritt sofort in Aktion. Je nach Stärke des Wachstums sind dann die Wassergaben zu erhöhen und jede Woche eine Düngergabe zu verabreichen. Gedüngt und gegossen wird auch nach der Blüte bis Ende August; dann erhält die Amaryllis keine flüssige Nahrung mehr. Auch die Gießgaben werden eingeschränkt, um schließlich ganz aufzuhören, so daß die Blätter völlig eintrocknen. Und im Dezember beginnt dann ein neuer Lebensrhythmus (siehe oben).

Hippeastrum-Hybride

Hippeastrum-Hybride

Die immergrüne, blatthaltende *Hippeastrum aulicum* dagegen wird das ganze Jahr über gegossen, nur im Herbst, nach der Blüte, bekommt sie keinen Dünger mehr und nur noch die Hälfte der sonst üblichen Wasserrationen. – Vermehrung durch Abnahme der Brutzwiebeln.

Kentiapalme
Howeia

Robuste, schmal aufrechtwachsende Zimmerpalme mit geringen Lichtansprüchen. Zwei Arten sind erhältlich: *Howeia belmoreana*, deren Zweige etwas mehr überhängen als bei *H. fosteriana*. Schön sind sie beide.

Die Kentiapalmen eignen sich sowohl für einen Daueraufenthalt im Zimmer als auch für einen sommerlichen »Erholungsurlaub« auf der Terrasse. Hier brauchen sie Schutz vor Wind und Zugluft und vor allem vor den sengenden Strahlen der Sonne, die braune Brandflecken an ihren Blättern hervorrufen. Dies gilt auch für das Zimmer. Diese Pflanzen schätzen von Haus aus einen lichtabgewandten (aber keineswegs dunklen) Standort und wachsen deshalb ebenso im Zimmer an einer lichtunbegünstigten Stelle befriedigend.

Die Höhe der Wassergaben richtet sich nach der Zimmertemperatur. Im Sommer sollten die Töpfe, vor allem die der im Freien stehenden Palmen, nach Bedarf etwa alle 14 Tage in Wasser getaucht werden, und zwar so lange, bis keine Bläschen mehr an der Wasseroberfläche erscheinen. Bei einem kühlen Standort (Diele, Schlafzimmer) im Winter wird das Gießen etwas eingeschränkt. Dagegen ist in der gut geheizten Stube soviel zu gießen wie im Sommer.

Dankbar sind auch diese Palmen für Duschbäder in der Badewanne oder für oftmaliges Abspritzen der Wedel im Freien. Damit dabei die Erde nicht pitschnaß wird, empfiehlt es sich, den Topf mit Alufolie oder anderer Folie abzudecken. Sonst führt das zu einer Versauerung der Erde, was braune Blattspitzen zur Folge hat.

Wenn die Pflanzen im Winter in gut geheizten (um 22 °C) Räumen stehen, sollte man sie so oft wie nur irgend möglich mit einer feindüsigen Spritze besprühen. Das beseitigt nicht nur den porenverstopfenden Staub von den Blättern und Trieben, sondern sorgt für eine, wenn auch nur kurze, Abkühlung der gesamten Pflanze. Gedüngt werden Howeia

Howeia belmoreana

wöchentlich von Mai bis September am besten mit einem Flüssigdünger.

Umgetopft wird nach Bedarf, wenn die Wurzeln nach oben aus dem Topf drängen. Die Zeitabstände sind also unterschiedlich. Vor allem junge Pflanzen sollte man die ersten Jahre in Ruhe lassen. Zu empfehlen ist nur das (vorsichtige) Auflockern der obersten Erdschicht mit einem Pikierstab oder einem nicht zu dicken Hölzchen. – Vermehrt werden die *Howeia*-Arten durch Samen, der bei 25–30 °C Bodenwärme am schnellsten keimt.

Wachsblume
Hoya

Diese prächtige Kletterpflanze mit ihren hübschen, vielblütigen, weißlich bis blaßrosa gefärbten Blütendolden, die einen ziemlich starken, aber angenehmen Duft ausströmen, vereinigt Anspruchslosigkeit und Blütenschönheit in seltener Harmonie. Allerdings lassen sich diese Tugenden nur durch sachgemäße Pflegemaßnahmen erhalten.

Neben der *Hoya carnosa* (die »fleischige« *Hoya*), von der es auch eine Sorte mit gelbgerandeten Blättern gibt, ist eine weitere Art erwähnenswert, nämlich *Hoya bella* (die »schöne« *Hoya*). Diese hat kleine, spitze Blätter und zierlichere, ebenfalls duftende, weiße Blütchen. Sie wächst etwas schwächer, blüht aber länger, vom April an bis zum Herbst. Bemerkenswert ist *Hoya carnosa* 'Compacta', eine Sorte mit gelbgetuschten, gedrehten Blättern, die schöner sind als die Blüten.

Hoya bella

Wachsblumen haben ein ungestümes Wachstum; ihre langen Ranken müssen an einem Spalier gebändigt werden. Beim Festbinden der Ranken ist zu beachten, daß die Blätter alle nach einer Seite schauen. Die *Hoya* ist »lichthungrig« und setzt alle verfügbaren Blätter ein, um das lebenswichtige Licht einzufangen. Deshalb zeigt sie sich unwillig, wenn man sie des öfteren hin und her bewegt; sie verlangt ihren Stammplatz, wo die Breitseite der Blätter nach draußen, zum Licht hin, zeigt.

Wachsblumen sind auch leidenschaftliche Sommerfrischler und verleben die warme Jahreszeit gerne an einem sonnengeschützten Plätzchen auf dem Balkon oder im Garten. Im Freien wie im Zimmer erhalten sie regelmäßige, aber durchschnittlich hohe Wassergaben. Gedüngt wird bereits ab März in 14täglichem Abstand, damit die Wachsblume nach dem Winterschlaf wieder recht zu Kräften kommt und Knospen und Blüten ausreichend mit Nährstoffen versorgen kann. Wenn die Blütezeit vorüber ist, gönne man der Pflanze eine den Winter über dauernde Ruhezeit; dazu kommt sie an einen kühlen Standort, wird nur noch sehr wenig gegossen und überhaupt nicht mehr gedüngt. – Vermehrung durch Stecklinge aus den Triebspitzen.

Hoya carnosa

Hortensie
Hydrangea

In vielen Farben leuchten die Blütenbälle der Hortensien, in Weiß, Rosa, Rot und sogar in Blau. Die blaue Farbe wird vom Gärtner durch besondere Erdmischungen oder durch Zusätze von Alaun hervorgerufen. Wer seine »blauen« Hortensien später in den Garten pflanzen will, sollte sich nicht wundern, wenn plötzlich rosa oder rote Blüten erscheinen. Dies liegt einfach daran, daß die Zusätze in der Erde allmählich abgebaut werden. Wunderschön sind die Randblüten- oder Tellerhortensien, deren flache Blütenköpfe von großen Einzelblüten wirkungsvoll eingerahmt werden.

Die Hortensie stellt keine besonderen Ansprüche. Sie ist nur immer sehr durstig und will das doppelte Quantum an Wasser als ihre grünen Zimmergenossen. Gießen sollte man sie stets möglichst mit enthärtetem, zumindest aber mit abgestandenem Wasser von Zimmertemperatur, wobei Ballentrockenheit unbedingt vermieden werden muß. Die Hortensie liebt einen kühlen und stets sonnenabgewandten Platz. Für reichliche Frischluftzufuhr ist sie sehr dankbar. Steht sie dagegen zu warm, ist es mit der Blütenpracht bald vorbei. Werden die Blätter gelb, dann spricht man von Chlorose; Hortensien gehören nämlich in eine torfhaltige, »saure« Erde. Gut geeignet ist zum Beispiel Rhododendronerde wie Planta-Rhodo, die es auch in Kleinpackungen (zu 20 l) gibt. – Vermehrung durch Kopfstecklinge.

Hydrangea macrophylla-Sorte

Hydrangea macrophylla-Sorte

Hypoestes phyllostachya

Punktblume
Hypoestes

Die Punktblume ist eine wunderschöne Blattpflanze mit leuchtend rosa und roten Punkten auf grünem Blatt, die für Farbe auf der Fensterbank und im Wintergarten sorgt. Zwar läßt die Blattfärbung bei älteren Pflanzen nach, so daß ein Rückschnitt der ohnehin bald zu langen Triebe nötig wird. Die neugebildeten Triebe und erst recht junge, selbst herangezogene Pflanzen zeigen aber bald wieder die volle Farbenpracht.

Die Punktblume fühlt sich an sonnigen Plätzen sehr wohl, schlappt zwar bei voller Sonne ein bißchen; sie erholt sich aber nach dem Gießen schnell und richtet ihre schlaffen Blätter wieder auf. Die Punktblume verträgt normale Zimmertemperaturen, kann aber auch wärmer stehen; im Winter sind 18–20 °C angebracht. Vorsicht vor Zugluft!

Sonst wird sie gleichmäßig feucht gehalten und mit abgestandenem, zimmerwarmem Wasser gegossen. Dünger erhält die Punktblume von April bis August alle 14 Tage; aber nur die Hälfte der Portionen, mit der andere Zimmerpflanzen versorgt werden. – Vermehrung durch Kopfstecklinge, die beim Rückschnitt anfallen. Über den Stecklingstopf Plastikfolie oder ein Glas stülpen, dann wachsen sie besser an.

Ixora coccinea

Ixore
Ixora

Wer eine der herrlichen *Ixora*-Sträucher besitzt, hat seine helle Freude an den lachsroten bis orangefarbene Blütendolden, die in den Sorten ‘Biers Glory’ (dunkelorange), ‘Morsai’ (hellorange) ‘Shawii’ (lachsrot) überall erhältlich sind.

Die gar nicht so übermäßig empfindliche Pflanze wünscht gleichmäßige Temperaturen im Winter bei etwa 15 °C, im Sommer höher, und außerdem hohe Luftfeuchtigkeit. Ixoren stehen am liebsten im hellen Schatten, wo sie die direkte Sonne nicht erreicht. Sie brauchen, um ihre großen Doldenblüten ausbilden zu können, reichlich Nahrung, die durch wöchentliche Düngegaben von März bis August verabreicht wird. Wenn sich die Blätter rollen, so sind nicht unbedingt Schädlinge am Werk: Die Pflanze hat in der Sonne gestanden, was sie überhaupt nicht leiden kann. Am besten taucht man sie in einem solchen Fall so lange in einen Kübel mit Wasser, bis keine Luftblasen mehr aufsteigen. Gegossen und gesprüht wird stets mit abgestandenem Wasser. Bei richtiger Pflege wird man seine Bemühungen durch einen monatelangen Blütenflor dieses fast 1 m hohen, tropischen Gewächses belohnt finden. – Die Vermehrung ist für den Hobbygärtner zu schwierig und bleibt Gärtnersache.

Jacobinie
Jacobinia

Etwas in Vergessenheit geraten ist die schöne Jacobinie, deren feuerrote, rosafarbige oder orangeroten Blütenstände vor Jahrzehnten, als man sie noch *Justicia* nannte, schon Kenner und Laien entzückten.

Die Anspruchslosigkeit der im Frühjahr blühenden, gelbroten *Jacobinia pauciflora*, die im Sommer gerne im Freien und im Winter an einem kühlen Plätzchen steht, erhöht noch den Wert dieses niedrig bleibenden und buschigen Akanthusgewächses. Es empfiehlt sich eine kleine Ruheperiode nach der Blüte, ein gleichzeitiger Rückschnitt und anschließendes Umtopfen. Ihre Verwandte, die rosarote *Jacobinia carnea* (siehe Titelbild) ist wärmebedürftiger: Sie wächst zu allen Jahreszeiten bei gleichmäßigen Temperaturen von 15–20 °C und scheut den Aufenthalt an frischer Luft. Im Zimmer blühen und wachsen sie an sonnenabgewandten Fenstern. Beide wünschen eine Ruhezeit von Oktober bis zum März; in dieser Zeit erhalten sie nur halbe Wasserrationen. Sonst verlangen sie aber regelmäßige Wassergaben, denn bei Trockenheit lassen sie die Blätter fallen. In der Wachstumszeit von April bis August ist wöchentlich für Düngegaben zu sorgen. Besonders wohl fühlen sich die Jacobinien in einer luftfeuchten Zimmeratmosphäre, die man durch oftmaliges Abspritzen der Blätter erzielen kann. Ältere, große Pflanzen haben die Angewohnheit, unten kahl zu werden: hier hilft nur ein radikaler Rückschnitt der Triebe, mit dem man sie wieder zu einem ansehnlichen, buschigen Wachstum anregt. – Vermehrung durch Stecklinge.

Jacobinia pauciflora

Jasmin
Jasminum

Jasmin, das ist der Duft aus dem die Träume sind. Und die kann man am Zimmerfenster erleben oder auf dem Balkon, und zwar vom Frühjahr an den ganzen Sommer hindurch. Für diese herrlichen Düfte sorgt eine zierliche kleinblättrige Liane, an deren dünnen Triebspitzen zahlreiche hübsche, weiße Blüten sitzen, die wundervoll duften.

Diese Kletterpflanze, die für ihre Triebe ein Rankgerüst braucht (im Gartenfachhandel erhältlich), verlangt einen hellen, aber sonnenabgewandten Platz im Zimmer oder auf der Terrasse. Sie sollte kühl, bei etwa 10 °C, überwintert werden. Der Jasmin wird gleichmäßig feucht gehalten und bekommt im Sommer

Jasminum polyanthum

reichlich, im Winter weniger Wasser. Es empfiehlt sich, ihn von Frühjahr bis Herbst hin und wieder zu übersprühen. Gedüngt wird von April bis September alle 14 Tage. Beim Umtopfen kann man handelsübliche Blumenerde verwenden, die mit Hornspänen angereichert wird. Ein regelmäßiger Rückschnitt nach der Blüte fördert den Knospenansatz. – Vermehrung durch Stecklinge von Mai bis Juli, die sich unter Folie oder einem darübergestülpten Glas gut bewurzeln.

Kakteen und andere Sukkulenten

Die Freude an Kakteen und anderen Sukkulenten, die Beschäftigung mit diesen originellen, dornenbewehrten oder dickblättrigen, immer aber genügsamen Pflanzengestalten, wurde zu einer speziellen Liebhaberei vieler Zimmergärtner. Die Kakteenfreunde in aller Welt sind in nationalen Gesellschaften vereinigt und tauschen Pflanzen und Erfahrungen aus.

Aber auch auf den Fensterbänken der Blumenfreunde ohne besondere Kakteenpassion finden sich einige stachlige Gesellen, die Jahrzehnte überdauern, manche Unbill ertragen und außerdem noch durch alljährlich erscheinende, prächtige Blüten erfreuen.

Viele hundert Arten und Sorten mit unterschiedlichen Ansprüchen bereichern das Zimmerpflanzensortiment, darunter Kakteen und andere Sukkulenten, die durch eine überschwengliche Blütenpracht erfreuen, andere wie die imposanten Säulenkakteen, die durch Größe wirken, durch bizarren Wuchs wie der Felsenkaktus (*Cereus peruvianus*) oder durch weiße Haarkleider, die den stachligen Pflanzenkörper so wirkungsvoll umhüllen wie beim Greisenhaupt (*Cephalocereus*).

Die schönsten sind natürlich jene Kakteen, die alljährlich sicher blühen und deshalb in diesem Buch auch besonders vorgestellt werden: Die Weihnachtskakteen (*Schlumbergera,* siehe S. 124), die Osterkakteen (*Hatiora,* siehe S. 80) und die Blattkakteen (*Epiphyllum,* siehe S. 69). Der Unterschied zwischen Kakteen und anderen Sukkulenten läßt sich durch einfachen Augenschein kaum feststellen; man muß sich schon näher mit den einzelnen Familien, Gattungen und Arten beschäftigen, wobei eine Trennung der beiden Gruppen nicht nötig ist, es sei denn, der engagierte Blumenfreund möchte seine Sammlung nach Herkunftsgebieten aufbauen. Wunderschöne Blütenpflanzen gehören zu diesen »anderen Sukkulenten«, wie etwa Aloen, Stapelien, Haworthien, Echeverien und die originellen Lebenden Steine. Manche Sammler erfreuen sich an säulenförmigen Euphorbien und Madagaskarpalmen (siehe S. 109), andere an ungewöhnlichen Pflanzengestalten, wie den Jatrophas mit flaschenförmigen oder den Wüstenrosen (*Adenium*) mit steinblockartigen Sproßknollen.

Für Kakteennormalverbraucher sind hier die wichtigsten Pflegeregeln zusammengefaßt.

Blumenfreunde wissen wohl die Genügsamkeit der stachligen oder dornenlosen Pflanzen zu schätzen, werden aber auch immer versuchen, ihre besonderen Wünsche zu erfüllen. Das ist einmal der Standort im Wechsel der Jahreszeiten. Kakteen wollen, von wenigen Ausnahmen abgesehen, den sonnigsten Platz haben. Eine strikt eingehaltene winterliche Ruhezeit von Oktober bis März bildet die Grundlage für natürliches Wachstum und alljährliche Knospenbildung. Dabei sind Temperaturen von 6–10 °C für die meisten Arten ideal. Wasser wird in dieser Zeit nur wenig, am besten tropfenweise, gegeben. Im Frühjahr weckt vorsichtiges Besprühen mit kalkfreiem, erwärmtem Wasser die Pflanzen aus ihrem Winterschlaf.

Um die Freude an Kakteen ungetrübt zu genießen, berücksichtigen wir einige Pflegeregeln, deren Beachtung für Gesundheit und Blühwilligkeit sorgen.

Eine besondere Bedeutung im Sukkulentenleben hat das Licht, das stets in ausreichendem Maß zur Verfügung gestellt werden muß. Das volle Sonnenlicht ist das beste für alle dem Kindesalter entwachsenen Kakteen. Geben wir ihnen also den hellsten Platz am Fenster, der meist zum guten Gedeihen genügt, besonders, wenn es sich um ein Süd-, Südost- oder Südwestfenster handelt. Da jedoch die Pflanzen am Zimmerfenster infolge der einseitigen Belichtung nicht einmal die Hälfte der Helligkeit erhalten wie im Freien, suchen wir für sie gleich nach den Eisheiligen ein sonniges Plätzchen im Garten oder auf dem Balkon. Dabei empfiehlt es sich, die in den lichtarmen Zimmern überwinterten Pflanzen nach und nach an die strahlende Frühlingssonne zu gewöhnen und damit Verbrennungen zu vermeiden, die sich durch eine gelbliche oder rötliche Verfärbung der Glieder zeigen. Das gilt vor allem für Sukkulenten, die an ihrem heimatlichen Standort an Baum- oder Grasschatten gewöhnt sind. Diese Pflanzen bilden dann einen roten Farbstoff – bei Menschen entspricht dies dem braunen Pigment in der Oberhaut –, der sie vor allzu grellen Sonnenstrahlen schützt. Diese Rotfärbung tritt aber auch ein, wenn wärmeliebende Arten eine Zeitlang zu kühl stehen.

Ein typisches »Kakteenunwohlsein« äußert sich auch durch sogenannte Korkstellen an den unteren Teilen der Pflanze. Ursache dafür sind Alterserscheinungen, schwerwiegende Gießfehler oder unsachgemäße Überwinterung.

Frisch gekaufte Kakteen sollte man immer zuerst auf Schädlinge untersuchen. Auch in

Rebutia-Arten und Varietäten, Rebutien

Selenicereus grandiflorus, Königin der Nacht

der Erde, denn nicht selten treiben dort die in weißlichen Gespinsten lebenden Wurzelläuse ihr Unwesen. Mit Mitteln aus dem Fachgeschäft ist ihre Bekämpfung heute kein Problem.

Überhaupt sollte man diese Pflanzen möglichst nach der Blüte in neue Erde, ja auch in ein neues Pflanzengefäß umtopfen. Das winzige mitgekaufte Töpfchen war nämlich nur als Verpackung gedacht. Als Pflanzengefäße sind Schalen oder Töpfe aus Kunststoff empfehlenswert. Verschiedene Nachteile des porösen Tontopfes, ewa starkes Erhitzen bei freier Aufstellung, vermehrtes Auftreten von Wurzelschädlingen und frühzeitige Alkalisierung der obersten Erdschicht, lassen sich hier weitgehend ausschalten. Allerdings: Kunststofftopfwandungen verdunsten keine Feuchtigkeit, man wird deshalb viel weniger gießen müssen. Allzuleicht neigt man dazu, den Kakteen bei uns neben einem sonnigen Standort eine sandig-kiesige und damit eine nährstoffarme Erde anzubieten. Die Verwunderung ist groß, wenn dann die Kakteen darin nicht wachsen, geschweige denn blühen. Nur wenige Kakteenfreunde wissen, daß die Böden in der Heimat der Kakteen äußerst nährstoffreich sind. Nur fehlt meist die Feuchtigkeit, die eben erforderlich ist, um die Nährstoffe für die Pflanzen verfügbar zu machen. In kleinen Sammlungen, sei es auf dem Fensterbrett, im Frühbeet oder Kleingewächshaus, sollen daher die Kakteen nicht hungern.

Im allgemeinen wird man auf Erden aus dem Fachgeschäft zurückgreifen. Diese Substrate bestehen überwiegend aus Torf und enthalten weiter als Lockerungssubstanzen Bimskies, Ziegelsplitt, Sand oder Stryromull. Solche Erdmischungen sind nur bedingt empfehlenswert. Ihr hoher Humusanteil ist wohl für die urwaldbewohnenden Kakteen wie Blattkakteen (*Epiphyllum*), Weihnachtskakteen (*Schlumbergera*), die Königin der Nacht (*Selenicereus*) sowie gerade noch für den Schlangenkaktus (*Aporocactus*) zuträglich. Für die echten Wüstenkakteen jedoch sollte der Anteil an humosen Stoffen wesentlich geringer, die Erde durchlässiger gemacht werden. Der passionierte Kakteenliebhaber spricht hier von mineralischen Substraten. Neben einem Drittel Gartenerde und einem Drittel Torf kommt ein Drittel Sand mit Zusatz von Holzkohle und Lehm zur Verwendung.

Es ist auch wichtig zu wissen, daß die Kakteenerde einen ganz bestimmten pH-Wert, also Säuregrad, haben

Echinopsis huascha var. *rubiflora*, Seeigelkaktus

Astrophytum myriostigma, Bischofsmütze

Rebutia famatimensis (auch *Lobivia famatimensis)*, Rebutie bzw. Lobivie

Mammillaria spinosissima, Warzenkaktus

muß. Er wird je nach Art verschieden gewünscht, liegt jedoch bei Wüstenkakteen bei etwa pH 5,6. Wer es genau wissen will, kann diesen Wert mit Indikatorpapier oder einem pH-Meter überprüfen. Diese Hilfsmittel gibt es im Fachhandel.

Doch die beste Erde für unsere Kakteen nützt nichts, wenn zur Düngung die gebräuchlichen Blumendünger verwendet werden. Mit wenigen Ausnahmen sind Kakteen und Sukkulenten für speziellen Kakteendünger, also Präparate mit geringem Stickstoff- und dafür höherem Phosphoranteil, empfänglich. Dadurch wird die Ausbildung von Pflanzenmasse, das Wachstum also, reduziert, und dafür die Blütenbildung erheblich gefördert. Ausgezeichnete Erfahrungen wurden auch mit flüssigem Guano gemacht. Alle Kakteendünger dürfen selbstverständlich nur in der Wachstumszeit in eine zuvor angefeuchtete Erde gegeben werden. Bei der Dosierung richte man sich streng an die Anweisungen der Hersteller.

Conophytum pearsonii, Blühender Stein

Größte Sorgfalt sollte man einer sachgemäßen Überwinterung schenken. Im Spätherbst beziehen die Kakteen und Sukkulenten ihre Winterquartiere, für die sich am besten mäßig geheizte, aber frostfreie Räume eignen; die beste Überwinterungstemperatur liegt bei 6–10 °C. An diesen kühlen, immer aber recht hellen Standorten erhalten sie natürlich nur wenig Wasser, gerade so viel, daß die feinen Faserwurzeln nicht vertrocknen, die Pflanzen aber auf jeden Fall am Weiterwachsen gehindert werden. Nur durch das strikte Einhalten dieser Ruhezeit können wir mit einem zufriedenstellenden Wachsen und Blühen rechnen. Eine Ausnahme von dieser Ruheregel machen die winterblühenden Arten wie der Weihnachtskaktus und der Korallenkaktus (*Rhipsalis,* siehe S. 118), die während der Blütezeit ein recht warmes Plätzchen zugewiesen bekommen.

Echeveria derenbergii, Echeverie

Kakteen-Pflegekalender

Januar

Noch halten die meisten Kakteen und anderen Sukkulenten Winterschlaf. Dieses Ausruhen vom Wachsen und Blühen fördern wir durch frische Luft; deshalb an sonnigen, frostfreien Tagen die Fenster öffnen, aber Vorsicht vor Zugluft. Alle Läusearten müssen jetzt intensiv bekämpft werden. Erdkakteen sollen noch völlig trocken, aber hell und, wenn möglich, luftig stehen. Epiphyten wie *Rhipsalis*, *Selenicereus* und andere früh morgens mit heißem Wasser bespritzen.

Februar

Die warme Frühlingssonne darf uns nicht verleiten, jetzt schon die Wassergaben zu erhöhen. Wer allen Sorgen mit dem Gießen aus dem Wege gehen will, stelle die Töpfchen in eine mit Torf und Sand gefüllte Tonschale; dieses Erdgemisch wird angefeuchtet – und jedes weitere Gießen entfällt.

März

Die Wachstumsferien der Kakteen sind vorüber. Sie dürfen wieder ihren Platz am hellen, sonnigen Zimmerfenster einnehmen. Aber Vorsicht, auch diesen Sonnenanbetern kann eine Umstellung vom lichtarmen Winterquartier zum Platz an der Sonne gefährlich werden. Deshalb ist ein Sonnenschutz angebracht. Am einfachsten: eine Zeitung falten und vor die Pflanzen stellen. Größere Wasserrationen erhalten nur Kakteen, die jetzt schon Knospen bilden.

Echinopsis chamaecereus (früher *Chamaecereus silvest*

April

Die Wachstumslust ist offensichtlich. Wir fördern dieses Bemühen durch tägliches Gießen und durch »Brausebäder«; alle Kakteen freuen sich über oftmaliges Abspritzen (mit einem möglichst feindüsigen Spritzball), das sie von dem lästigen und porenverstopfenden Staub befreit. Wenn es die Sonne in den Mittagsstunden allzu gut meint, den Sonnenschutz nicht vergessen.

Mai

Nichts wie hinaus mit unseren Pflegebefohlenen an die frische Frühlingsluft. Sie genießen sichtlich die wärmende Sonne, das Licht von allen Seiten und regelmäßige Wassergaben. Geeignete Aufenthaltsorte sind Balkon, Terrasse oder weit geöffnete Fenster. Auch für Nährstoffnachschub in Form von speziellem Kakteendünger ist zu sorgen.

Juni

Alle Arten, deren Blüte vorüber ist, werden weniger gegossen und an sonnenabgewandte Plätze gestellt. Die anderen Kakteen aber freuen sich über Sonnenschein, frische Luft und wachstumsanregende Brausebäder. Umtopfen in Kakteenerde nur wenn unbedingt nötig.

Juli

Unsere Sommerfrischler verlangen von uns jetzt nur wenig Aufmerksamkeit. Gegossen wird reichlich, am besten abends, weil in den Mittagsstunden das begehrte Wasser verdunstet, noch ehe es an die Wurzeln gelangt.

August

In diesem Monat erhalten die Kakteen den letzten Dünger. Mit einem feinen Zerstäuber erzeugen wir künstlichen »Tau«, der die Lebensfreude aller Kakteen beträchtlich erhöht. Darüber hinaus ist die Gießkanne aber keineswegs untätig, denn reichliche Wassergaben sind noch erwünscht.

September

Trotz kühlerer Temperaturen bleiben alle Kakteen bis Mitte Oktober draußen im Freien. Kakteenfreunde ohne Garten und Balkon lassen (auch nachts) zwecks Frischluft die Fenster offen. Alle Kakteen werden jetzt auf die halbe Wasserration gesetzt.

Oktober

Ab Monatsmitte beziehen die Kakteen ihre Winterquartiere; dazu eignen sich wenig geheizte, möglichst aber helle Räume, wie Schlafzimmer, Dielen oder ein Kellerraum ohne Heizungsrohre. Für Dauergäste auf der Fensterbank bleiben die Fenster jetzt öfter als im Sommer geschlossen. Die Gießwasserrationen noch weiter herabsetzen.

November

Wenn die Sonne scheint, darf frische Luft ins Winterquartier, aber nur für ein paar Stunden. So sparsam wir auch jetzt mit dem Wasser umgehen, ganz austrocknen darf die Erde nicht. Die besten Überwinterungstemperaturen liegen bei 6–10 °C, nie höher! Ausnahmen von dieser Regel machen Winterblüher wie Weihnachtskakteen und Korallenkakteen. Sie brauchen regelmäßig Wasser.

Dezember

Völlige Wachstumsruhe ist jetzt oberstes Gebot. Diese notwendige Ruhezeit ist sicherster Garant für das Blühen im nächsten Jahr. Deshalb nur noch in zehntägigen Abständen gießen und darauf achten, daß das Thermometer keine tropischen Temperaturen anzeigt. Besonders wohl fühlen sich die Kakteen, wo es kühl ist und auch gelegentlich gelüftet wird.

Kalanchoë-Blossfeldiana-*Hybride*

Flammendes Käthchen
Kalanchoë

Der Liebhaber tropischer Sukkulenten kennt die *Kalanchoë* (sprich o-e) in vielerlei Gestalt und schätzt neben der originellen Wuchsform ihre Reichblütigkeit und Genügsamkeit. Den guten Ruf dieser Gattung aber begründete *Kalanchoë blossfeldiana* mit ihren Hybriden, die heute in zahlreichen Namenssorten mit feuerroten, orangeroten, dunkelroten, violetten oder gelben Blüten im Handel sind. Neben Zwergen gibt es mittelgroße und halbmeterhohe Sorten, die allesamt recht fleißige Blüher sind. Sehr hübsch ist auch das Madagaskarglöckchen (*K. manginii*), das sich mit seinem überhängenden Wuchs als Ampelpflanze eignet. Da die Blüte in die Wintermonate fällt, empfiehlt es sich, die *Kalanchoë* an hellen Plätzen aufzustellen, denn nur dort befriedigt die Leuchtkraft der Blüten. Dieses Dickblattgewächs blüht alle Jahre wieder. Geduldiges Warten auf eine Wiederblüte lohnt sich also auf jeden Fall. Flammende Käthchen sind deshalb nicht genug zu loben. Interessant sind auch die botanischen, meist sukkulenten Arten. – Vermehrung durch Samen, einige Sorten auch durch Stecklinge.

Lachenalia aloides 'Nelsonii'

Lachenalie
Lachenalia

Dieses genügsame Zwiebelgewächs mit seinen hübschen, langen Blütenschäften, an denen viele kleine gelbe Blütchen hängen, und den länglichen, grünen Blättern, gehört zu den leider »vergessenen« Zimmerpflanzen.

Sie blühen von Februar bis März, manchmal sogar schon im Dezember-Januar, stehen gerne kühl und hell und begeben sich nach der Blüte sofort zur Ruhe. Wenn die Blätter (meist zwei je Zwiebel) anfangen zu welken, wird weniger gegossen, so daß die Blätter völlig eintrocknen. Erst im August beginnt der neue Lebensrhythmus; die *Lachenalia*-Zwiebeln werden zu mehreren in Töpfe oder besser flache Schalen in Blumenerde gelegt und nur etwa 2 cm dick mit dieser Erde zugedeckt. Die Töpfe erhalten dann einen sonnigen Platz im Garten, auf der Terrasse oder dem Balkon. Gegossen wird nach der Stärke des Blattwachstums: erst wenig, später mehr. Wenn im Herbst dann die ersten Fröste gemeldet werden, beziehen die Lachenalien ihre Winterquartiere an hellen, sonnigen Fenstern ungeheizter Räume. Bald zeigen sich zwischen den beiden Blättern die ersten Blütenstiele. Dann in wärmere Räume und an helle sonnige Plätze stellen. – Vermehrung durch Brutzwiebeln, die zu mehreren in einen Topf gesetzt werden.

Marante
Maranta

Maranta leuconeura 'Fascinator'

Maranten sind kostbare Blattschmuckstücke. Reich mit Ornamenten versehen sind die ovalen, wie Smaragde schillernden, olivgrünen Blätter, die bei *M. leuconeura* 'Kerchoviana' außerdem noch hübsche dunkelbraune und dunkelgrüne Flecken aufweisen. *M. leuconeura* 'Massangeana', erfreut ihre Bewunderer dagegen mit einem wirkungsvollen Fischgrätmuster. Die schönste, aber auch empfindlichste heißt *M. leuconeura* 'Erythroneura' mit rötlicher Zeichnung auf grün-braunem Blattgrund.

Maranten wachsen gerne im Schatten, fernab sengender Sonnenstrahlen. Nur im lichtarmen Winter leben sie gerne in der Helle des Zimmerfensters. An einem allzu dunklen Platz im Zimmer würde das Filigran ihrer Blätter bald verblassen. Zugluft mögen sie gar nicht, genauso wenig wie schwankende Temperaturen oder einen kühlen Aufenthaltsort, ganz gleich zu welcher Jahreszeit. Erst in wohliger Wärme entwickeln sie eine Vielzahl schöner, gesunder Blätter.

Für das Wohlleben der Maranten sorgen überdies regelmäßige Wassergaben: jeden zweiten Tag gießen oder einmal in der Woche tauchen. Maranten dürfen ausnahmsweise in den Untersatz gegossen werden, da die fächerartig über dem Topf liegenden Blätter das Gießen erschweren. Kenner empfehlen zudem, in der Hauptwachstumszeit von März bis August zu düngen. Danach wird das Gießen eingeschränkt und nicht mehr gedüngt, damit sich unser Blattjuwel zur Ruhezeit begeben kann. Im Winter bilden sich nämlich nur kleine Blätter. Das Absterben älterer Blätter ist ganz natürlich. – Vermehrung durch Teilung.

Medinille
Medinilla

Für Freunde kostbarer, exotischer Blütenpflanzen ist die Medinille unbestrittener Mittelpunkt des Blumenfensters. Große, rosarot gefärbte Blütenstände von fast einem halben Meter Länge hängen wie Trauben in einem dichten Geflecht grüner, leicht gewellter Blätter.

Bei uns zu Hause wollen die Medinillen ein wenig von ihrer Heimat spüren und umhegt und umsorgt werden. Auf ihrem Wunschzettel lesen wir, daß die schöne Philippinin einen zwar hellen, stets aber halbschattigen Platz im Zimmer liebt und nur bei Temperaturen von 18 °C an aufwärts sich zur dauerhaften, regelmäßig blühenden Schönheit entwickeln kann.

Wer über ein geschlossenes Blumenfenster verfügt, hat keine Probleme. Am Fensterbrett des Normalverbrauchers jedoch muß man sich um eine hohe Luftfeuchtigkeit schon einige Gedanken machen; ein ständiges Abspritzen oder Besprühen der Blätter an warmen Tagen im Sommer (ohne dabei die Blüten zu benet-

Medinilla magnifica

zen) ist zur Erhaltung des Lebens der Medinille eine unabdingbare Notwendigkeit. Auch mit dem Gießwasser sollte nicht allzu sparsam umgegangen werden, da die großen Blätter des prächtigen Fremdlings viel Feuchtigkeit verdunsten. Gedüngt wird von März bis Juli in regelmäßigen, wöchentlichen Abständen. Wenn die wurzelstarke *Medinilla* aus dem Topf herausgewachsen ist, wird Ende März bis Anfang April in ein großes Gefäß umgetopft und damit ein Rückschnitt langer Triebe verbunden. Medinillen können öfter umgetopft werden, als die meisten anderen Zimmerpflanzen, die gerne jahrelang im selben Blumentopf bleiben sollten. – Vermehrung durch Stecklinge in einem von unten geheizten Zimmergewächshaus. Zu empfehlen ist die Anwendung von Bewurzelungshormonen (siehe S. 153).

Kokospälmchen
Microcoelum

Sie sieht aus wie die Miniaturausgabe der großen Kokospalme (siehe S. 59) und ist deshalb auch allen Blumenfreunden zu empfehlen, die keinen Platz für hohe Palmen besitzen. Dieses Pälmchen ist ein Stubenhocker und die gleichmäßige, tropische Wärme seiner südbrasilianischen Heimat gewöhnt. Deshalb sollte es stets im Zimmer bleiben, wo die Temperaturen nie unter 18 °C absinken. Höhere Temperaturen wären noch besser. Der Wasserbedarf ist beträchtlich. So wächst das Kokospälmchen dann zufriedenstellend, wenn der Topf das ganze Jahr über in einem mit Wasser gefüllten, nicht zu kleinen Untersatz steht. Übertöpfe eignen sich nicht, weil man den Wasserstand nicht kontrollieren kann. Wenn das Wasser längere Zeit nicht aufgesogen wird, sollte es weggeschüttet und nach 2–3 Tagen wieder durch neues ersetzt werden. Auf keinen Fall darf man den Ballen völlig austrocknen lassen, die Pflanzen sind dann meist nicht mehr zu retten.

Die Wünsche nach hoher Luftfeuchtigkeit werden durch häufiges Besprühen der Wedel erfüllt. Passionierte Palmenliebhaber machen das im Winter täglich, da dann besonders trockene Luft herrscht. Zu dieser Zeit sollten die Pflanzen einen Platz weit von der Heizung entfernt bekommen, also dort, wo es am kühlsten ist. Steht das Kokospälmchen allzu lufttrocken, zum Beispiel direkt über der Heizung, kommen bald braune Blattspitzen zum Vorschein. Gedüngt wird von Juni bis August 14tägig mit flüssigem Blumendünger.

Im Gegensatz zu anderen Palmen brauchen die Kokospälmchen weniger häufig umgetopft zu werden, denn auch das Wurzelwachstum hält sich in Grenzen. Am geeignetsten sind relativ hohe Tontöpfe (»Palmentöpfe«), in die zuerst eine Dränageschicht aus Tonscherben eingefüllt wird. Als Erde eignet sich fertig abgepackte, im Handel erhältliche Palmenerde. – Die Vermehrung durch Samen kann in einem auf 25–30 °C beheizten kleinen Vermehrungsbeet gelingen. Es empfiehlt sich, die Samen vorher 2 Tage in warmes Wasser zu legen. Die Keimdauer beträgt ungefähr 2–3 Monate. Die jungen Palmen sollte man später nicht einzeln, sondern zu dreien in einen nicht zu großen Blumentopf pflanzen.

Microcoelum weddelianum

Monstera deliciosa

Fensterblatt
Monstera

Das Fensterblatt gehört dank seiner Widerstandsfähigkeit und Robustheit, seiner imponierenden Größe und seinen geschlitzten Blättern zum vielbewunderten Blattpflanzenmittelpunkt fast jeden Blumenliebhabers. Die

Monstera, wie ihr botanischer Name lautet, wird oft als »Philodendron« bezeichnet; mit dieser Gattung (siehe S. 113) ist sie zwar nahe verwandt, aber doch durch einige äußerliche und blütenbiologische Unterschiede unterschieden. In allen Teilen kleiner und damit zimmerwürdiger ist die Sorte 'Borsigiana'. Die Sorte 'Variegata' hat weiß- bis gelbbunte Blätter.

Dank seiner geringen Lichtansprüche wächst das Fensterblatt selbst in dunklen Zimmerecken. Ja, es ist sogar ausgesprochen lichtscheu und zeigt seine Abneigung gegen allzu große Helligkeit durch braune Flecken oder eine hellgrüne Verfärbung der Blätter. Das Fensterblatt verträgt Zimmertemperaturen von 10°–25°! Für eine gute Ernährung muß gesorgt werden: Von Mai bis August erhält ein »erwachsenes« Fensterblatt jede Woche einmal in den vorgefeuchteten Topf einen Schuß Düngelösung. In dieser Zeit wird auch reichlich gegossen, während es in den Wintermonaten ruhiger zugeht; die Nährstoffzufuhr hört dann auf, und die Wasserrationen werden kleiner und der Zimmertemperatur angepaßt. Dankbar ist das Fensterblatt für ein Abspritzen seiner Blätter, vor allem, wenn die Pflanze in einem warmen Zimmer steht. Die Luftwurzeln sollte man nicht abschneiden, sondern in den Topf ableiten. Das stärkt die Pflanze beträchtlich. – Vermehrung durch Stecklinge aus den Triebenden mit Luftwurzeln.

Myrtus communis

Myrte
Myrtus

Das Wohlbefinden der Myrte hängt in hohem Maße vom Standort ab, der im Winter kühl, – bei Temperaturen nie über +10 °C – sein soll. Im Sommer steht die Myrte dann auf dem Balkon, der Terrasse oder im Garten, immer hell und sonnig und solange, bis mit Frost zu rechnen ist.

Das zweite »Geheimnis« des zufriedenstellenden Myrtenlebens besteht im richtigen Gießen. So ist dieser liebenswerte Kleinstrauch dankbar für enthärtetes, abgestandenes Wasser, das regelmäßig, entsprechen der Raum- oder Außentemperatur, verabreicht wird. An einem hellen, luftigen, kühlen Plätzchen bei gleichmäßigen 14tägigen Düngegaben von März bis Juli haben auch Blatt- und Schildläuse keine Chance. Schädlingsbefall tritt vor allem bei zu warmem Stand auf. Erst nach der Blüte zurückschneiden (außer bei Jungpflanzen), dann blühen Myrten jedes Jahr.

Umgetopft wird alle 3 Jahre; beim Umtopfen beachten wir, daß das Stämmchen nicht zu tief in den niemals zu großen Topf versenkt wird. – Vermehrung durch Stecklinge vom Frühjahr bis in den Herbst hinein. Die jungen Pflanzen regelmäßig stutzen, damit ein schöner Busch entsteht.

Nestananas
Neoregelia

Wir schätzen diese Bromelie wegen des prächtigen Farbenspiels ihrer nestartig angeordneten Blätter. Besonders schön ist *N. carolinae* 'Tricolor' mit gelbgestreiften Blättern, die sich in der Mitte karminrot verfärben, wenn im Trichter die »richtigen« blauen Blüten erscheinen.

Da die Pflanzen flach wachsen, brauchen sie Platz um sich herum, und damit die Leuchtkraft der Blattfarben erhalten bleibt, einen zwar sonnenabgewandten, stets aber hellen Standort. Zimmertemperatur wird gut vertragen, um so besser, je öfter man die Nestananas abspritzt. Dadurch verschwindet der Staub, und es herrscht wenigstens für Stunden eine für die Pflanze wohltuende Atmosphäre. Gießen und Sprühen mit abgestandenem, zimmerwarmem Wasser ist dringend zu empfehlen. Wie bei den meisten Bromelien wird in den Trichter gegossen, in dem vom Frühjahr bis zum Spätsommer immer etwas Wasser stehen sollte. Aber: einmal im Monat das Wasser ausgießen! Alle 14 Tage bekommt die Nestananas Flüssigdünger auch über den Trichter. – Vermehrung durch Kindel, die erst abgetrennt werden dürfen, wenn sie Wurzeln gebildet haben. Die alte Mutterpflanze stirbt nach der Blüte ab.

Neoregelia carolinae 'Tricolor'

Schwertfarn
Nephrolepis

Diese anspruchslosen, dichtbuschigen Farne gibt es in zwergwüchsigen und größeren Sorten, die alle gekrauste, mehrfach gefiederte, hellgrüne Wedel besitzen. Es sind die robustesten Zimmerfarne, wenn auch einige Wünsche zu berücksichtigen sind.

Farne sind lichtempfindlich, deshalb an keinen allzu hellen und stets sonnenabgewandten Platz stellen. Der Schwertfarn reagiert zudem empfindlich auf allzu trockene Luft, daher Heizungsnähe vermeiden; sonst wird normale Zimmertemperatur (auch kühler) vertragen. Schwertfarne sehen mit ihren langen Ausläufern auch als Ampelpflanzen sehr schön aus.

Besonders wichtig: reichlich gießen, am besten über den Untersatz. Zu empfehlen ist außerdem, wöchentlich zu tauchen, da die Wasserversorgung über den Topfrand meist sehr schwierig ist. Blattglanzmittel vermeiden, aber oft mit kalkfreiem (abgestandenem) und zimmerwarmem Wasser sprühen und gießen.

Nephrolepis exaltata

Von Mai bis August alle 3 Wochen schwach düngen, etwa die halbe Ration anderer Zimmerpflanzen. Ältere Exemplare regelmäßig in normale Blumenerde umtopfen. – Vermehrung durch Teilung oder durch die fadenförmigen, behaarten Ausläufer.

Nertera granadensis

Korallenmoos
Nertera

Das Korallenmoos wird immer mit kugelrunden, korallenroten Früchten angeboten, die nach einiger Zeit abfallen. Um die Pflanze am Leben zu erhalten, ist es besser, sie durch Auseinanderreißen zu teilen und die einzelnen Pflanzenteile in kleine, mit einer Mischung aus handelsüblicher Blumenerde plus Sand gefüllte Blumentöpfe zu stecken. Ist der Topf nicht zu groß, wachsen die jungen Pflanzen bald an. In den ersten 4 Wochen danach wird nur tröpfchenweise gegossen, später dann regelmäßig und nicht zu wenig. Das gilt auch für das ausgewachsene Korallenmoos, das nur im Winter etwas trockener gehalten werden muß.

Sonne ist unerwünscht, ein halbschattiger Platz genügt diesen anspruchslosen Pflanzenzwergen, die nur in den dunklen Wintermonaten mehr ans Licht gerückt und kühler (bei 8–10 °C) gestellt werden. Nach der winterlichen Ruhezeit beginnt im März das Wachstum, gefördert durch drei- bis viermalige Düngegaben in 14tägigen Abständen. – Vermehrung durch Teilung.

Nestrosette
Nidularium

Diese blattschöne Bromelie wächst flach wie eine Neoregelie (siehe S. 102) und erfreut uns mit langer Haltbarkeit und dem prächtigen Farbenspiel ihrer nestartig angeordneten Blätter. Besonders auffallend ist *N. fulgens*, deren glänzendgrüne Blätter einem Kranz feuerroter Herzblätter entspringen, die kleine blauweiße Blütchen umhüllen.

Der Standort soll auf jeden Fall sonnig sein, da sonst die Farben der Blätter verblassen. Zimmertemperaturen genügen; das Thermometer darf aber nie weniger als 18 °C anzeigen. Gegossen wird nur mit abgestandenem, besser enthärtetem und zimmerwarmem Wasser, das im Sommer reichlich verabreicht werden muß. Dabei stets auch in den Trichter gießen, in dem vom Frühjahr bis August immer etwas Wasser stehen sollte. Während dieser Monate wird die Nestrosette gedüngt, und zwar auch über den Trichter. – Vermehrung durch Kindel, die man beim Umtopfen (alle 2–3 Jahre) abtrennen kann; sie dürfen nicht zu klein sein.

Nidularium fulgens

Orchideen

Ausdauer und Liebe, eine gute Portion Sachkenntnis, sorgsamste Beachtung der Pflegehinweise und der Eigenheiten dieser kostbaren Pflanzen gehören schon dazu, um mit Orchideen im Zimmer Erfolge zu erzielen. Das bedeutet aber nicht, nun unbedingt einen großen Bogen um diese Pflanzenfamilie zu machen. Holen wir uns den Zauber tropischer Vegetation in die Beschaulichkeit unseres Heims, denn wer von überhohen Preisen, hohen Temperaturansprüchen und extravaganten Lebensgewohnheiten ausgeht, der irrt.

Bei aller kaum geahnten Robustheit und Widerstandsfähigkeit gegen die »Gefahren« des Zimmerpflanzendaseins haben die Orchideen natürlich auch eine Reihe Wünsche, die sie unbedingt erfüllt sehen wollen. Und diese Ansprüche müssen mit Genauigkeit beachtet und gleichmäßig erfüllt werden, denn Fehler und Unvorsichtigkeiten rächen sich schnell.

Ein bedeutsamer Lebensfaktor für Orchideen ist die Luftfeuchtigkeit. Ganz gleich, ob sich die Pflanzen im Freien oder im Zimmer aufhalten, sie soll vor allem in der Zeit vom Erscheinen eines Triebes bis zu seiner Reife (4–6 Monate lang) möglichst hoch sein. Deshalb sind die Blätter der Orchideen täglich mehrmals leicht mit einem feinen Zerstäuber zu übersprühen, niemals aber – wegen Fäulnisgefahr – abzuspritzen. Im Winter leisten die Elektroluftbefeuchter hervorragende Dienste, während die zwischen den Rippen angebrachten Wasserverdunster nie ausreichen. Sowohl zum Sprühen als auch zum Gießen sollte immer abgestandenes, enthärtetes, kalkfreies Leitungswasser verwendet werden, dessen Temperatur der des Zimmers entspricht. Während der Hauptwachstumszeit mit Wasser zu sparen, wäre zwar verkehrt, jedoch dürfen die Wurzelballen auch nicht vor Wasser triefen, da die Wurzeln sonst faulen.

Beim Düngen gehen selbst die Meinungen der Experten auseinander. Am einfachsten ist die Verwendung von Orchideen-Spezialdüngern, die in Fachgeschäften erhältlich sind. Die Orchideen verfügen nicht über ein so aufnahmefähiges Wurzelwerk, wie man es von anderen Zimmerpflanzen her kennt; sie dürfen den Dünger immer nur in schwacher Konzentration angeboten bekommen (das wird in den fertigen Düngern berücksichtigt). Man dünge daher häufiger, aber in geringeren Dosierungen. Steht nur ein »normaler« Zimmerpflanzendünger zur Verfügung, wird die vom Hersteller angegebene Dosierung mindestens um die Hälfte reduziert. Für den fortgeschrittenen Orchideenfreund ist natürlich auch eine Düngung mit Einzelnährstoffen möglich, wobei alle Kernnährstoffe (Stickstoff, Phosphor, Kalium usw.) und dazu auch Mikronährstoffe vorhanden sein müssen.

Welche Orchideen können unbedenklich gedüngt werden? Alle eingewurzelten, gesunden Pflanzen in der Wachstumszeit. Nicht gedüngt werden dürfen frisch verpflanzte Orchideen sowie kranke oder wurzellose Pflanzen. Man düngt nicht bei starker Sonneneinwirkung und bei Ballentrockenzeit sowie während der Ruhezeit. Eine Erneuerung der Nährstoffe erfolgt auch durch das Verpflanzen. Es wird bei den meisten Orchideen nach 2 Jahren notwendig, nämlich dann, wenn eine Verdichtung des Substrats einsetzt. Zeichen dafür sind verstärkte Algenbildung und daß die Orchideen nur schwer abtrocknen.

Die recht unterschiedliche Lebensweise der Orchideen macht sich auch in den Lichtansprüchen der einzelnen Gattungen bemerkbar. Sie wünschen zwar alle einen hellen Platz, an dem sie jedoch vor den grellen Strahlen der Mittagssonne geschützt sind. Dem hohen Lichtbedürfnis der Orchideen kann man auch durch eine künstliche Belichtung der Pflanzen in den dunklen Wintermonaten entgegenkommen; Leuchtstoffröhren, die eine längere Lebensdauer und eine bessere Stromausnutzung besitzen, verdienen den Vorzug vor Glühbirnen.

Cymbidium-Hybride

Orchideen sind dankbar für viel frische Luft (keine Zugluft). Die Temperaturen sind je nach Art verschieden, manche lieben es kühl, andere brauchen ganzjährige, mäßige Wärme. Im Winter sorge man für gut schließende Fenster, die außerdem noch durch Papier oder Pappe vor dem Eindringen von Kaltluft zu schützen sind.

Orchideenliebhaber beziehen heute zum Umtopfen den Pflanzstoff für ihre Lieblinge per Post oder Bahn aus einer Orchideengärtnerei. Dieser Pflanzstoff (der Ausdruck Erde ist hier völlig unzutreffend) läßt sich nämlich kaum selbst herstellen. Inzwischen gibt es Orchideenerde von verschiedenen Herstellern, die empfohlen werden können. Sie enthalten die notwendigen Nährstoffe sowie Rindenstücke, Torfbrocken und Styromull, der das *Sphagnum* (Torfmoos) ersetzt, das aus den gefährdeten und immer seltener werdenden Hochmooren stammt.

Die Mehrzahl der prächtig blühenden Orchideen stammt aus kühlen Höhenlagen tropischer Berggebiete, deren Durchschnittstemperaturen ungefähr der Zimmerwärme entsprechen. Und nur diese Gattungen und Arten kann man dem Zimmergärtner empfehlen, der ohne ein heizbares, doppelt verglastes Blumenfenster Orchideenfreude erleben will. Sie sollen hier vorgestellt werden:

Kahnlippe
Cymbidium

Meterhoch werden die großblumigen Hybriden, die viel Platz um sich herum brauchen und deshalb mehr für einen Wintergarten oder ein Kleingewächshaus geeignet sind, dies auch deshalb, weil sie sehr hell und kühl stehen wollen. Das Thermometer sollte eigentlich nicht mehr als 14 °C anzeigen. Auch im Sommer wollen sie es nachts so kühl wie möglich haben, nur dann setzen sie Blüten an. Im Garten stellen wir sie deshalb an eine halbschattige Stelle, zum Beispiel zwischen Sträucher.

Die Miniatur-Cymbidien vertragen auch höhere Temperaturen und können deshalb ohne Probleme im Zimmer gehalten werden.

Nach einer bewährten Orchideen-Pflegeregel soll man die Pflanzen erst gießen, wenn die Orchideenerde oder der Pflanzstoff trocken wird, und dann gleichzeitig die ganze Pflanze übersprühen – jeweils mit abgekochtem und damit kalkfreiem Wasser. Auch für das Düngen gibt es eine Regel: Im Sommer nach dem zweiten, im Winter nach dem vierten Gießen düngen. Es hilft der Pflanze, wenn wir auch die Blätter mit der Düngelösung übersprühen. Es empfiehlt sich, je nach Wachstum alle 2–3 Jahre umzupflanzen, und zwar dann, wenn sich ein oder mehrere neue Triebe bilden. – Vermehrung durch Teilung beim Umpflanzen.

Miltonia-Hybride

Miltonie
Miltonia

Es sind die Zimmerorchideen mit den größten und besonders auffallenden Blüten, die je nach Art und Sorte von August bis November erscheinen. Ihnen genügen normale Zimmertemperaturen, nur nicht unter 16 °C. Auf keinen Fall sollten Miltonien direkt über der Heizung stehen; außerdem müssen sie im Sommer vor Hitze und direkter Sonnenbestrahlung geschützt werden.

Erst gießen, wenn die Orchideenerde oder der Orchideenpflanzstoff trocken wird. Das Wasser muß zumindest abgestanden, besser abgekocht sein. Häufiges Besprühen der Pflanzen schafft eine willkommene, luftfeuchte Atmosphäre und läßt den Staub verschwinden. Miltonien erhalten bei jeder dritten Gießgabe Orchideendünger, der auch mit einer Spritze auf die Blätter gesprüht wird. Etwa jedes zweite Jahr bekommen sie nach der Blüte einen neuen Topf und frische Orchideenerde oder Pflanzstoff. – Vermehrung durch Teilen älterer Pflanzen.

Frauenschuh, Venusschuh
Paphiopedilum

Bei einfühlsamer Pflege blühen diese Orchideen, wegen ihrer pantoffelähnlichen Blütenlippen Frauenschuh genannt, viele Wochen und in jedem Jahr neu. Ihnen genügt in der Wohnung ein heller, sonnenabgewandter Platz. Sie sind mit normalen Zimmertemperaturen zufrieden (um 20 °C), die aber nicht unter 15 °C absinken dürfen.

Gegossen wird erst, wenn die Orchideenerde oder der Pflanzstoff anfängt, auszutrocknen. Zu empfehlen: Vor allem im Sommer die Blätter regelmäßig übersprühen. Zum Gießen und Sprühen stets abgestandenes, zimmerwarmes Wasser verwenden. Man kann das Gießwasser auch abkochen. Die Frauenschuhe werden im Sommer bei jedem dritten Gießen mit Nährstoffen (Orchideendünger) versorgt. Es hat sich bewährt, die Düngelösung nicht nur in

Paphiopedilum-Hybride

Phalaenopsis-Hybride 'Rudolf Baudistel'

den Topf zu gießen, sondern auch die Blätter damit zu übersprühen.

Je nach Wachstum – meist jedes zweite Jahr – sollte im Februar/März in Orchideenerde oder Orchideenpflanzstoff umgetopft werden. – Vermehrung durch Teilung beim Verpflanzen.

Malaienblume
Phalaenopsis

Diese manchmal jahrelang hintereinander blühende Orchidee gehört in die erste Reihe blütenschöner Topfpflanzen. Nach dem Abblühen sollte man den Stiel unterhalb der untersten Blüte einkürzen; er treibt dann meist mit neuen Blüten wieder aus. Es gibt zahlreiche Sorten in verschiedenen Farben.

Phalaenopsis wünschen einen hellen, sonnenabgewandten Platz und normale Zimmertemperaturen um 20 °C, nicht unter 15 °C absinkend. Gegossen wird nur, wenn der Pflanzstoff auszutrocknen beginnt. Zimmerwarmes, am besten abgekochtes Wasser beim Gießen verwenden. Gelegentliches Besprühen tut der Pflanze gut. Es empfieht sich, bei jedem dritten Gießen zu düngen und dabei auch die Blätter zu übersprühen. *Phalaenopsis* erhalten jedes zweite Jahr einen neuen Topf. Umgetopft wird entweder in einen Orchideenpflanzstoff oder Orchideenerde. – Vermehrung durch Jungpflanzen, die sich an den Blütenstielen bilden.

Vuylstekeare
x *Vuylstekeara*

Als sogenannte »Cambrias« werden häufig gelb-, weiß- und braunblütige Orchideen angeboten, die eigentlich zu den Gattungen *Odontoglossum*, x *Wilsonara* und anderen gehören. Die echten Cambrias sind x *Vuylstekeara*-Hybriden und blühen rot mit unterseits weiß gefleckten Lippen. Es ist gut zu wissen, ob es sich um »echte« Cambrias handelt, damit man ihnen die richtigen Lebensbedingungen bieten kann. Ihre wunderschönen Blüten erscheinen das ganze Jahr über. Die x *Vuylstekeara*-Hybriden wünschen einen hellen, sonnenabgewandten Platz bei winterlichen Temperaturen um 15 °C. Sehr viel höhere Temperaturen vertragen diese Orchideen nicht. So sollte man im Sommer für viel frische Luft sorgen. Gegossen wird in den Sommermonaten gleichmäßig mit kalkfreiem, abgestandenem Leitungswasser und alle 2–3 Wochen schwach gedüngt. Es empfiehlt sich, das Substrat im Winter nie ganz austrocknen zu lassen, aber regelmäßige Gießgaben zu unterlassen. – Vermehrung durch Teilung beim Umtopfen.

x Vuylstekeara Cambria 'Plush'

Madagaskarpalme
Pachypodium

Die Madagaskarpalme ist eigentlich gar keine Palme, sondern gehört zur großen und artenreichen Gruppe der Sukkulenten. Sie wächst ähnlich wie Säulenkakteen und ist auch mit Dornen versehen. Es gibt zwei Arten: *Pachypodium geayi* mit schmalen silbergrauen und die häufigere *P. lamerei* mit breiten, kräftig grünen Blättern.

Die sehr anspruchslose Madagaskarpalme mag es gerne hell bis sonnig und warm. Ein Platz wenn möglich über einem Heizkörper ist zu empfehlen. An einem solchen Standort (mit Bodenwärme) behält sie das ganze Jahr über ihre Blätter. Im Gegensatz zu anderen Pflanzen fällt die Ruhezeit in die Sommermonate. Deshalb werden die Madagaskarpalmen im Sommer nur wenig, im Frühjahr und Winter regelmäßig gegossen. In dieser Zeit erhalten sie alle drei Wochen eine nur schwach konzentrierte Düngeration. Das Maß: etwa die Hälfte von dem, was andere Zimmerpflanzen bekommen. Zu empfehlen ist beim Umtopfen Kakteen- oder Orchideenerde. Das Abfallen der Blätter ist natürlich. – Vermehrung durch Aussaat in einem beheizten Zimmergewächshaus.

Pachypodium lamerei

Schraubenbaum
Pandanus

Wer viel Platz in seiner Wohnung hat oder gar einen Wintergarten besitzt, sollte sich einen Schraubenbaum besorgen, der bald zu einer ansehnlichen und ungewöhnlichen Pflanzengestalt heranwächst. Eigenartig sind die starken langen Stelzwurzeln, mit denen sich die Pflanzen in ihrer tropischen Heimat im Untergrund festhalten.

Bei uns daheim hat der Schraubenbaum, der einer Drazäne (S. 68) ziemlich ähnlich sieht, seine exotischen Lebensgewohnheiten abgelegt. Wir schätzen seine Anspruchslosigkeit und seine an den Rändern stacheligen Blätter, die bei *Pandanus sanderi* mit gelben und *P. veitchii* mit hübschen weißen Streifen geschmückt sind. Sie alle wollen einen hellen, nicht von der Sonne beschienenen Platz und bei Temperaturen um 20 °C gehalten werden. Lufttrockenheit macht dem Schraubenbaum wenig zu schaffen. Gegossen wird von März bis September jeden zweiten Tag, in den anderen Monaten nur zweimal in der Woche. Dankbar sind alle Schraubenbäume für 14tägliche Düngegaben – aber bitte nur von März bis August! Zu empfehlen ist das Entfernen der Ableger, damit schöne große Pflanzen entstehen. – Vermehrung durch eben diese Ableger.

Pandanus veitchii

Parthenocissus inserta

Jungfernrebe
Parthenocissus

Dieser Kletterer hat wunderschöne, fingerartige, grünrote, silbrig-gezeichnete Blätter zu bieten, die an den Wilden Wein erinnern. Wenn wir die Jungfernrebe zu gutem Wuchs und schöner Blattausfärbung anregen wollen, so stellen wir sie auf den Balkon, die Terrasse oder in den Garten, immer dort, wo es hell, luftig, aber nie sonnig ist. Im Winter hält man sie kühl, bei 5 bis 8 °C, und gießt nur wenig. Gegossen und gesprüht wird im Sommer dagegen reichlich. Wir düngen von Mai bis August alle 3 Wochen. – Viel Freude bereitet die einfache Vermehrung dieses Rebengewächses. Wenn in den Wintermonaten die Pflanze völlig kahl geworden ist, wird sie auf 2–3 »Augen« zurückgeschnitten; aus den übriggebliebenen Trieben (ohne Blätter!) schneidet man Stücke mit mindestens 1 Auge und steckt von diesen etwa 5 in einen kleinen Topf. Als Substrat fertige Anzuchterde mit etwas Sand mischen.

Passionsblume
Passiflora

Passiflora caerulea

Die Blüte dieses liebenswerten Kletterstrauches wurde durch die Darstellung eines Jesuitenpaters aus dem Jahre 1633 zu einem Symbol der Leiden Christi. Erstaunlich, wie der Sinngehalt dieser Beschreibung jahrhundertelang erhalten blieb. Danach haben Blätter, Narben, Staubgefäße und Ranken gleichnishafte Bedeutung: Die 10 Kelch- und Blütenblätter stellen die 10 Jünger Jesu dar, ohne die ungetreuen Petrus und Judas; der Fadenkranz der Blüte wird als Dornenkrone gedeutet; als Kelch zum Abendmahl gereicht, fungiert der stielartige Fruchtknoten; die 3 Nägel, die den Herrn ans Kreuz schlugen, werden durch 3 Narben versinnbildlicht; 5 Staubgefäße weisen auf die Nagelwunden und das Mal der Lanze hin; die Geißeln sind die Kletterranken, und als spitze Lanzen erscheinen die fünf- bis siebenlappigen Blätter.

Diese Deutung der Legende soll uns jedoch nicht abhalten, auch die nüchternen Seiten der Passionsblume genau zu beachten. Es ist vor allem eine Art, nämlich *Passiflora caerulea*, die uns interessiert. Sie besitzt weißliche Blüten mit einer blauen Strahlenkrone und purpurfarbenen Griffeln. Von ihr gibt es zudem einige besonders schöne Sorten, allen voran 'Kaiserin Eugenie' mit violetten, weißen oder roten und 'Constance Eliott' mit cremefarbenen Blüten.

In den feucht-heißen Seerosenhäusern der botanischen Gärten finden wir die Traubenpassiflora (*Passiflora racemosa*) mit großen roten Blüten; sie ist genauso widerstandsfähig wie *P. caerulea*. Nur sind ihre Blüten, die an lianengleichen, meterlangen Trieben sitzen, erheblich kleiner. Die größte Passionsblume wird von den Botanikern *P. quadrangularis* genannt. Auffallend sind ihre vierkantigen Stengel und die im Durchmesser bis über 10 cm großen, dunkelroten, weiß geringelten und mit Fransen versehenen Blüten. Die Stengel erreichen Längen von 3–5 m.

Manchmal blüht die *Passiflora* nicht. Das kann nun viele Gründe haben: Die Blüte setzt in kühlen, regenreichen Sommern völlig aus, da die *Passiflora* eine »Sonnenanbeterin« ist. Sie liebt es, recht warm in voller Sonne und möglichst im Freien (dort etwas geschützt) zu stehen. Da sie ein ausgesprochen starker Wachser ist, soll die Erde kräftig sein; deshalb die Erde mit Volldünger anreichern. Während der Hauptwachstumszeit von Mai bis August bekommt die Pflanze im wöchentlichen Abstand einen Düngeguß.

Nach der Blüte beginnt sofort die Ruhezeit mit Einschränkung der Wassergaben und einer Aufstellung in Räumen, deren Temperatur 10 °C nicht übersteigt. Und bitte nicht erschrecken, die Passionsblume überwintert in entblättertem Zustand; deshalb soll man nicht versuchen, das Blätterkleid durch Aufstellen in vollbeheizten Räumen zu erhalten. Im März können wir die Passionsblume dann wieder wärmer stellen.

Je nach Bedarf wird sie alle 2–3 Jahre umgetopft; es empfiehlt sich, vor dem Umtopfen die Blütenzweige des Vorjahres auf 6–8 Augen zurückzuschneiden. – Vermehrt wird durch Stecklinge, die nicht zu weich sein sollten. Man steckt sie am besten zu mehreren dicht bei dicht in einen mit Anzuchterde gefüllten Topf. Es dauert 4–5 Wochen, bis Wurzeln gebildet werden. Wer sich keine Stecklinge besorgen kann, sollte im Gartenfachgeschäft Samen kaufen. Den gibt es von *P. caerulea* und anderen Arten. Die Aussaat wird am besten in einem Zimmergewächshaus vorgenommen.

Edelpelargonie
Pelargonium-Grandiflorum-Hybriden

Obwohl eine direkte Verwandte unserer Balkonpelargonien (»Geranien«; *Pelargonium*-Zonale- und -Peltatum-Hybriden), ist die Edelpelargonie eine reine Zimmerpflanze. Experimente im Balkonkasten und anderen Pflanzengefäßen mißlingen wegen der Empfindlichkeit der Blüten gegenüber Regen und Wind. Sonst sind die Edelpelargonien mit ihren großen, pastellfarbenen, hübsch gezeichneten Blüten, die von April bis Juni erscheinen, eine wahre Augenweide.

Die edle Schwester der Balkonpelargonien hat es gerne hell und sonnig und genießt Temperaturen um 18–20 °C (auch niedriger). Im Winter sollte man für einen kühleren Standort sorgen (8–12 °C). Im Sommer brauchen sie regelmäßig und reichlich Wasser und von Mai bis August alle 14 Tage Dünger. Zurückgeschnitten werden nur kahle Triebe. Es empfiehlt sich, gleich nach der Blüte in nur wenig größere Töpfe umzupflanzen. – Vermehrung durch Stecklinge im Herbst.

Pelargonium-Grandiflorum-Hybride

Verschiedene *Peperomia*-Arten

Zwergpfeffer
Peperomia

Die reizvollen, genügsamen und variantenreichen Peperomien haben viele »Blattgesichter«. Da gibt es herabhängende Arten mit fleischigen, grünen, glänzenden Blättern, andere wieder sind weißbunt bis rahmweiß gefärbt. Die aufrechtwachsenden Formen haben große, breite, aber auch kleinere Blätter von grüner, gelblicher oder silbrigweißer Färbung. Kurzum, eine vielgestaltige und formenreiche Gattung genügsamer, kleiner bis mittelgroßer Blattpflanzen, die sich dank ihrer Anspruchslosigkeit an Licht und Wärme vielseitig im Zimmer verwenden lassen. Die grünblättrigen Arten und Sorten wachsen willig an lichtfernen Plätzen, während die bunten natürlich heller stehen wollen, um die Färbung ihrer Blätter entwickeln zu können. Peperomien gewöhnen sich schnell und leicht an Zimmerluft und Zimmerwärme und freuen sich über ein oftmaliges Abspritzen der Blätter ebenso wie über 14tägliche Düngegaben in der Hauptwachstumszeit von März bis August.

Sie wollen im Winter nicht frieren (Temperaturen nie unter 8 °C) und stehen im Sommer gerne an sonnenabgewandter Stelle im Freien. Gegossen wird regelmäßig, in der Menge je nach Zimmertemperatur, aber im Winter weniger, im Sommer mehr. – Die Vermehrung läßt sich leicht mit Stecklingen durchführen.

Baumfreund
Philodendron

Wegen ihrer unterseits rötlichen, bei den Sorten 'Royal Queen' und 'Red Duchess' auch beidseitig dunkelroten Blättern wird die auf S. 114 gezeigte, raschwachsende und gegen Lufttrockenheit unempfindliche Baumfreund-Art *Philodendron erubescens* (= errötend) genannt. Es gibt aber auch grünblättrige, nicht weniger attraktive Philodendren, die alle gut in Hydrokultur gedeihen.

Alle Baumfreund-Arten wünschen einen hellen bis halbschattigen, stets aber sonnenabgewandten Platz und Zimmertemperaturen, die nicht unter 16–18 °C absinken sollten. Ein

Philodendron erubescens 'Red Emerald'

Philodendron scandens

»warmer Fuß« sorgt für Gesundheit und Wachstumslust. Gegossen wird regelmäßig. Nie aber darf Wasser im Untersatz stehenbleiben. Ein Besprühen der Blätter entfernt den porenverstopfenden Staub und fördert das Wachstum beträchtlich. Nur abgestandenes, zimmerwarmes Wasser verwenden. Philodendren brauchen, allein schon wegen ihres hohen Wachstumstempos, von April bis September alle 14 Tage Dünger. – Vermehrung durch Kopf- und Triebstecklinge.

Kletterphilodendron
Philodendron scandens

Das ist eine der besonders robusten *Philodendron*-Arten, dessen lange, dichtbeblätterten Triebe sowohl an Klettergerüsten und Moosstäben emporranken als auch aus Ampeln herunterhängen können. Manchmal verändern die Blätter ihre Form.

Der schnellwachsende Kletterphilodendron darf nicht in die Sonne, sondern braucht einen hellen bis halbschattigen, vor Zugluft geschützten Platz. Normale Zimmertemperaturen verträgt er das ganze Jahr. Es kann auch wärmer sein, doch nie unter 16 °C.

Im Sommer wird reichlich gegossen und die Pflanze so oft wie nur irgend möglich mit abgestandenem, zimmerwarmem Wasser besprüht. Vorsicht vor Fußbädern! Dünger erhält diese Liane von Mai bis August alle 14 Tage. Junge Pflanzen werden im Frühjahr umgetopft, ältere nur alle 3–4 Jahre. Für Hydrokultur gut geeignet. Lange Triebe können das ganze Jahr über abgeschnitten werden. – Vermehrung durch Triebspitzen, die sogar im Wasser leicht Wurzeln bilden.

Dattelpalme
Phoenix

Die sattgrünen, großen Wedel der Dattelpalme ordnen sich wirkungsvoll um den dicken, grobfaserigen Stammschopf. Bei aller südländischen Pracht ist diese Palme ein Muster an Bescheidenheit. Im Zimmer hell bis sonnig stellen, wenn möglich im Sommer für ein sonnenbeschienenes Plätzchen auf dem Balkon oder im Garten sorgen. Im Winter hat sie es gerne etwas kühler mit Temperaturen um 10–12 °C. Zu empfehlen: ein Aufenthalt im Treppenaufgang oder einer nicht zu dunklen Diele.

Achtung: reichlich gießen! Trockenheit kann gefährlich werden! Blattflecken zeigen diesen Schaden an. Deshalb den ganzen Topf ins Wasser stellen, bis der Wurzelballen sich vollgesogen hat. Dattelpalmen genießen es, vor allem in Trockenzeiten täglich abgespritzt zu werden. Im Zimmer gehaltene Pflanzen erhalten diese lebensfördernden Duschbäder zusammen mit anderen Palmen in der Badewanne.

Phoenix canariensis

Alle drei bis vier Jahre umtopfen in ein Gefäß, das mit Tonscherben oder Kieselsteinen ausgelegt ist. Die Palmwurzeln haben nämlich die Angewohnheit, die Abzugslöcher zu verstopfen. Beim Umtopfen sollte man nicht zu zimperlich vorgehen und den Ballen älterer, gut wachsender Palmen mit einem scharfen Messer verkleinern. Geschieht das nicht, so wird das Pflanzgefäß immer größer und damit unattraktiver und schwerer, was den Transport in das Winterquartier immer problematischer macht.

Genauso wichtig wie regelmäßiges Gießen ist die wöchentliche Düngeversorgung von April bis September. Gelbe Blätter oder zögerliches Wachstum ist beispielsweise auf Nahrungsmangel zurückzuführen. – Vermehrt wird durch Samen. Es dauert 2–3 Monate, bis *Phoenix*-Samen keimt. Die Entwicklung zu kleinen Pälmchen ist etwas langwierig.

Kanonierblume
Pilea

Kanonierblumen, direkte Verwandte unserer Brennesseln, sind anspruchslose, schnellwachsende, kleine Pflanzen, die sich hervorragend als »Tauschobjekte« für Pflanzensammler eignen: Sie lassen sich nämlich leicht vermehren.

Die reizvolle Gattung besteht u. a. aus der bekannten *Pilea cardierei* mit silbrig-getuschten Blättern, der braungrünen *P. involucrata* (auch als *P. spruceana* bekannt) mit kleinen, in Büscheln sitzenden, grünlichweißen Blütchen, *P. crassifolia* mit hellgrünen, braun marmorierten, stark höckrigen Blättern und *P. nummulariifolia*, einer Ampelpflanze, die den Zimmergärtner durch die Vielzahl pfenniggroßer, hellgrüner Blättchen erfreut.

Kanonierblumen wollen halbschattig bis schattig stehen, im Winter bei etwa 15 °C und im Sommer bei viel frischer Luft. Sie wachsen

Pilea cardierei

in jeder guten Erde und nehmen von März bis August gerne einen wöchentlichen Düngeguß entgegen. – Zur Vermehrung die nicht allzu weichen Spitzen als Stecklinge schneiden und bis zum Bewurzeln in leicht angefeuchteten Sand stecken.

Geweihfarn
Platycerium

Unter den Farnen gibt es einen Außenseiter, dessen Lebensweise völlig aus dem Rahmen fällt. Es ist der auf Baumrinden oder in Orchideenkörbchen wachsende Geweihfarn. Seine außergewöhnliche Gestalt mit den geweihartigen, sich nach vorn verbreiternden, tiefgrünen Blättern und seine Vorliebe für eine Erdmischung aus grobem Torf, Sphagnummoos und halbverrotteter Lauberde läßt hohe und kaum erfüllbare Ansprüche vermuten. Geweihfarne haben jedoch ihre Bewährungsprobe als Zimmerpflanzen fast immer bestanden. Die braunen Blätter, die sich wie Teller um den Blumentopf oder die Baumrinde legen, sind nicht etwa krank oder vertrocknet, sondern gehören zur Lebensweise dieses als Aufsitzer (Epiphyt) wachsenden Farns und erfüllen wichtige Ernährungsfunktionen.

Ein zufriedenstellendes Wachstum des Geweihfarns wird erreicht durch ständige Wassergaben und einen sonnenabgewandten Platz ohne Zugluft. Am attraktivsten wirkt er in Orchideenkörbchen oder in Ampelgefäßen. Normale Zimmerwärme genügt. Es empfiehlt sich, den Geweihfarn regelmäßig (etwa einmal wöchentlich) zu tauchen. Der Ballen darf nie austrocknen! Man kann die Blätter ab und zu besprühen, sie müssen aber dazwischen gut abtrocknen können. Nicht den »Staub« auf den Blattoberseiten abwischen! Dies sind feine Saughaare, mit denen der Geweihfarn Luftfeuchte aufnimmt. Zum Tauchen und Sprühen stets abgestandenes, zimmerwarmes Wasser verwenden. – Vermehrung: Zu schwierig, deshalb dem Gärtner überlassen.

Platycerium bifurcatum

Zimmerbambus
Pogonatherum

Ein zartes Gras, das sich mehr und mehr verzweigt und im Alter immer schöner wird. Aus den hübschen Blätterbüschen entwickeln sich jedes Jahr grasartige Blütenstände.

Der Zimmerbambus wächst am besten an einem hellen, sonnigen Platz im Zimmer oder im Sommer auch auf dem Balkon. Wie das Zypergras (*Cyperus*) braucht der Bambus reichlich Feuchtigkeit und wird deshalb, aber auch, um Trockenschäden zu vermeiden, in einen Untersatz oder Übertopf gestellt, der den ganzen Sommer über mit Wasser gefüllt sein muß. Auch im Winter sollte er an einem Platz nicht unter 15 °C stehen. Gedüngt wird von Mai bis August im Abstand von 14 Tagen. Unbedingt ist jedes Jahr im Frühjahr umzutopfen. – Vermehrung durch Teilung.

Pogonatherum paniceum

Fliederprimel
Primula malacoides

Primula malacoides

Diese locker wachsende Primel mit ihren etagenförmig angeordneten, zart duftenden Blüten ist in vielen Farbsorten erhältlich. Ein Weiterpflegen nach der Blüte lohnt sich nicht. Aber in den Wintermonaten ist uns auch eine kurzlebige und gar nicht teure Blütenpflanze sehr willkommen.

Die Ansprüche sind in jeder Wohnung zu erfüllen. Hell bis halbschattig und vor Sonnenstrahlen geschützt sollte der Platz im Zimmer sein. Bei einem nicht zu warmen Standort (16–18 °C) blüht die Primel um Tage, manchmal sogar um zwei Wochen länger.

Die kleinen Töpfe müssen regelmäßig feucht gehalten werden. Ballentrockenheit ist genau so schädlich wie Staunässe. Beim Gießen nur abgestandenes und zimmerwarmes Wasser verwenden. Auch während der Blütezeit düngen, aber nur schwacher Konzentration. Abgeblühtes entfernen, das fördert das Weiterblühen. – Vermehrung durch Samen bei genügend Bodenwärme.

Primula obconica

Becherprimel
Primula obconica

Die Becherprimel ist eine langlebige Primelart, die das ganze Jahr über blühen kann. Sie zeigt ein schönes Farbenspiel, das von hellem Lachs über Dunkelrot bis zu Lavendelblau reicht.

Auf die Vorzüge der Becherprimel fällt allerdings ein Schatten: Manche Blumenfreunde finden nach Berührungen mit den Blättern oder Blütenständen auf ihren Händen zahlreiche kleine, juckende Bläschen. Der Übeltäter ist das durch die Drüsenhaare der oberirdischen Primelteile ausgeschiedene Sekret Primin; vom medizinischen Standpunkt her liegt dann eine echte Allergie vor. Diese nicht alle Menschen befallende Allergie ruft Hautekzeme hervor, die übrigens schon wenige Stunden nach der Berührung, manchmal aber erst nach Tagen auftreten können. Deshalb sollte man auf die Becherprimel aber nicht unbedingt verzichten. Sie blüht im Frühjahr wie im Herbst, im Sommer wie im Winter und legt nur zwischendurch eine kleine Verschnaufpause ein.

Primeln sind »kühle« Schönheiten; sie stehen am liebsten zwischen Doppelfenstern oder in nicht zu warmen Räumen. Wir halten die pralle Mittagssonne von ihnen fern, sorgen aber immer für einen hellen Platz und gießen reichlich, am besten mit kalkarmem Wasser. In der Blütezeit sollten sie niemals dürsten und hungern; 14tägliches ein Düngeguß mit niedrig bemessener Konzentration wirkt wahre Blütenwunder. – Vermehrt werden sie alle durch Samen. Aussaat gelingt in einem Gefäß, das man auf die Heizung stellt.

Korallenkaktus
Rhipsalis

Die in ihrer südamerikanischen Heimat auf Bäumen lebenden Korallenkakteen, wegen ihren wie auf Schnüren aufgereihten Früchten so genannt, besitzen vornehmlich stielrunde, lang herabhängende, reichverzweigte Glieder, die mit kleinen weißen oder gelblichen Blüten dicht besetzt sind. Deshalb wirken sie im Zimmer als Ampelpflanzen am schönsten.

Wie *Epiphyllum* wünschen *Rhipsalis* einen hellen sonnenabgewandten Platz bei Zimmertemperaturen, die im Winter schon einmal auf 10–15 °C absinken dürfen. Beim Umtopfen, das nur alle paar Jahre durchgeführt werden muß, sollte man Orchideen- und nicht etwa Kakteenerde verwenden. Der Grund liegt auf der Hand: *Rhipsalis* haben in ihrer Heimat die gleiche Lebensweise wie Orchideen. Diese Erde sollte nicht austrocknen, für Staunässe besteht dank des lockeren Substrats keine Gefahr. Bei Trockenheit schrumpfen die Glieder. Häufiges Besprühen fördert das Wachstum genauso wie Kakteendünger, der von April bis August alle 4 Wochen in schwacher Konzentration (etwa die Hälfte von dem, was andere Zimmerpflanzen bekommen) verabreicht wird. – Vermehrung durch Sproßglieder, die wie Stecklinge behandelt werden, oder durch Teilung.

Rhipsalis pilocarpa

Azalee
Rhododendron

Das wochenlange, alljährlich wiederkehrende prächtige Blühen macht die Azalee zu einer Blütenpflanze ersten Ranges. Es gibt viele Sorten in wunderschönen Farben, die zu verschiedenen Zeiten blühen. Angeboten werden sie als Büsche, Hochstämmchen oder »Minis«. Neuderdings werden häufig zart wirkende, besonders kleinblütige Azaleen für das Zimmer angeboten. Dabei handelt es sich um sogenannte Japanische Azaleen, Hybridenformen, die auf den Namen *Rhododendron* x *obtusum* hören.

Die Azalee liebt kühle und frische Luft und macht in einem gut geheizten Zimmer bald schlapp; deshalb dürfen die Temperaturen nie über 12 °C ansteigen. Wachstum und Blüte sind auch vom Gießen und von der Beschaffenheit des Gießwassers abhängig. Da sie in einer sehr lockeren und sehr durchlässigen Spezialerde lebt, bestehend aus Heide-, Nadel- oder fertiger Moorbeeterde, sind ihre Wasseransprüche auch bei kühlem Standort überaus hoch. Wir müssen darauf achten, daß die Azalee, vor allem in der Blütezeit, niemals unter Wassermangel leidet. Im Gegensatz zu anderen Zimmerpflanzen ist bei der Azalee nie ein Zuviel, sondern immer ein Zuwenig an Wasser von Übel, das sie durch Vertrocknen und Abfallen der Blätter anzeigt. Sogar das sonst so verpönte Fußbad im Untersetzer macht der Azalee keinen Kummer, sondern sorgt für einen geregelten Wasserhaushalt.

Rhododendron-Simsii-Hybriden

Wer Azaleenkümmernissen aus dem Wege gehen will, der gießt ausschließlich mit kalkfreiem, enthärtetem, zumindest aber abgestandenem Wasser. Auch die Düngung – nach der Blüte bis Ende Juli – sollte nur mit kalkfreien Düngemitteln vorgenommen werden; man

Saintpaulia-Ionantha-Hybriden

verabreiche deshalb die bei der erdelosen Pflanzenanzucht (Hydrokultur) verwendeten und entsprechend zusammengesetzten Vollnährsalze. Als Erde sollte handelsübliche Rhododendronerde verwendet werden.

Man kann die Azalee wieder zum Blühen bringen. Dazu bleibt sie bis Ende Mai an ihrem kühlen Plätzchen; die abgeblühten Blütenstände werden dann entfernt, und nach den Eisheiligen kommt sie nach draußen. Hier im Garten oder auf dem Balkon suchen wir ihr einen halbschattigen Standort, wo sie bis zum Oktober ausharrt; dann bezieht sie zuerst ein kühles, immer aber helles Winterquartier. Für 4–6 Wochen sollten die Azaleen jetzt in einem mäßig oder gar nicht geheizten Zimmer stehen. Erst nach dieser Eingewöhnung dürfen sie wieder zurück in ein warmes Zimmer. – Vermehrung durch Stecklinge und Veredelung; beides bleibt dem Gärtner überlassen.

Usambaraveilchen
Saintpaulia

Tief blauviolett, in Farbe und Form tatsächlich an Veilchen erinnernd, sind die Blüten des Usambaraveilchens; daneben gibt es aber auch weiße, rosa und lilarote sowie gefüllt blühende Sorten und solche mit gekrausten Blüten, die alle fast das ganze Jahr über blühen. Besonders hübsch: die in vielen Sorten erhältlichen, winzig kleinen »Minis«.

Von diesen Bewohnern dichter, undurchdringlicher Urwälder sind Sonne und Wasser (von Blatt und Blüte) unbedingt fernzuhalten. Gelbe oder braune Flecken auf den Blättern, Fäulnis oder weiße Ringe sind in den meisten Fällen nicht auf Krankheiten oder falsche Pflege, sondern auf die Wirkung von Sonnenstrahlen und die wie Brenngläser wirkenden Wassertropfen zurückzuführen. Das Gießen muß deshalb mit größter Sorgfalt vorgenommen werden; kein Wassertröpfchen darf an das Blatt oder das »Herz« der Pflanze gelangen. Ein ausreichender Gießrand erleichtert diese Arbeit beträchtlich. Noch besser ist es, Usambaraveilchen über den Untersatz mit Wasser zu versorgen. Nicht mit Wasser besprühen und nur abgestandenes Wasser zum Gießen verwenden.

Gedüngt wird es von April bis September in zweiwöchentlichem Abstand. Wenn das Usambaraveilchen schwach wächst oder nicht blühen will, so steht es sicher nicht in der richtigen oder in einer ausgelaugten Erde. Umtopfen in neue Erde wirkt dann wahre Wunder – Vermehrung durch Blätter, die am Stiel Wurzeln bilden.

Bogenhanf
Sansevieria

Zimmerpflanzen, die wenig Ansprüche stellen, keine »Spezialbehandlung« verlangen, selbst ungünstige Umweltbedingungen gelassen hinnehmen und trotzdem prächtig wachsen und manchmal sogar blühen, erfreuen sich besonderer Wertschätzung. Das alles gilt für den Bogenhanf, dessen Anspruchslosigkeit genauso berühmt ist wie seine aufstrebenden, dunkelgrünen, quergezeichneten und meist gelb gerandeten Blätter.

Mit diesen fleischigen Blättern kann er wie Kakteen und andere Sukkulenten Trockenzeiten gut überstehen. Deshalb ist beim Gießen höchste Sparsamkeit angebracht. Im Winter sind nur die Blätter abzuspritzen oder mit einem feuchten Lappen abzuwischen. In den übrigen Jahreszeiten erhält der Bogenhanf dreimal weniger Wasser als beispielsweise ein ausgewachsener *Philodendron*. Auch wenn die Sansevierien selbst an lichtunbegünstigten Plätzen wachsen, so stehen sie doch gerne im vollen Licht; hier werden die Blätter breiter und färben sich schöner. Man pflanzt sie am besten in Kakteenerde.

In flachen Schalen kommen die aufrecht wachsenden Sansevierien besonders gut zur

Sansevieria trifasciata-Sorten

Geltung. Die sonst starren und steifen Schwerter lockern und lösen sich voneinander und zeigen sich von einer eleganten Seite.

Unsere Sansevierienliebe begründete die dunkelgrüne, mit silberweißen Querbinden versehene Stammart *Sansevieria trifasciata;* viel bewundert wird ihre Form 'Laurentii' mit den goldgelben Rändern. Die langsam wachsende Sorte 'Craigii' ist voller gelber und weißer Streifen, die das Blattgrün nur noch ahnen lassen. Die Liliputaner unter den Sansevierien heißen 'Hahnii' und bilden mit ihren grünen oder (bei der Sorte 'Golden Hahnii') goldgelben, breiten Blättern kleine, hübsche Rosetten. – Vermehrung durch Teilung oder Blattstückchen. Achtung: Stecklinge von gelben Sorten werden wieder grün.

Judenbart
Saxifraga stolonifera

Immer gerne gesehen wird diese krautartige Pflanze mit ihren runden, behaarten, unten rötlichen und oben grünen Blättern. Aber es sind nicht die hübschen Blätter allein, die uns erfreuen, sondern die vielen kleinen jungen Pflanzen, die an langen Stielen herabhängen. Deshalb zeigt der Judenbart auch als Ampelpflanze Wirkung. Auch der Blütenstand sollte nicht übersehen werden, manchmal wird er bis zu 40 cm hoch und hat zahlreiche kleine, weißlich bis rosa gefärbte Blütchen.

Der Judenbart fühlt sich an einem hellen, aber nicht sonnigen und im Winter nicht zu warmen Platz recht wohl; im Sommer steht er gerne an einem beschatteten Platz im Freien. Die Sorte 'Tricolor' mit weißen, rötlichen Blatträndern will es etwas wärmer. Gleichmäßige Feuchtigkeit und zweiwöchige Düngegaben von Mai bis August sind erwünscht. Nach der Blüte nicht mehr düngen und auch die Wassergaben ein wenig einschränken. – Vermehrung durch Abtrennen der meist schon bewurzelten Jungpflänzchen.

Saxifraga stolinifera

Blutblume
Scadoxus

Scadoxus multiflorus ssp. *katherinae*

Die früher *Haemanthus* genannte Blutblume ist mit ihren zugespitzten, gewellten Blättern und den großen, leuchtendroten Blütenständen eine wahre Schönheit. Sie blüht im Hochsommer und wächst aus einer dicken Zwiebel, die wie beim Ritterstern (siehe S. 83) immer zur Hälfte aus der Erde herausragen muß. Besonders hübsch wirken die Blutblumen, wenn sich mehrere Triebe und damit auch Blütenköpfe in einem Topf entwickeln.

Im Zimmer erhält die Blutblume einen sonnigen bis halbschattigen Platz, der ab dem Frühjahr bis zur Blüte heller sein sollte als im Herbst und Winter. In der dunklen Jahreszeit kann es auch kühler (10–15 °C) sein als zum Austriebsbeginn. Wenn sich die Triebe regen, wird reichlich gegossen und bis nach der Blüte alle 14 Tage gedüngt. Ab September beginnt die Ruhezeit mit striktem Nicht-mehr-Düngen. Zu nasse Erde unbedingt vermeiden, sonst faulen die Zwiebeln. – Vermehrung durch Brutzwiebeln.

Strahlenaralie
Schefflera

Die *Schefflera* hat sich dank ihrer Anspruchslosigkeit, ihrer hübschen, lockeren Wuchsform und ihrer schönen, glänzend grünen Blätter schon viele Freunde erworben. Neben der grünen Form sind viele Sorten entstanden mit weiß- und gelbbunten sowie verschieden geschlitzten und geformten Blättern. Alle sind für Hydrokultur hervorragend geeignet. Diese blattschöne Verwandte unserer Aralie (*Fatsia,* siehe S. 73) wird wegen ihrer Eignung für kühle, lichtarme Dielen, Treppenhäuser oder ähnliche Räumlichkeiten sehr geschätzt. Nur die Bunten brauchen einen hellen Platz, vor allem im Winter, und einen sonnenabgewandten Sommeraufenthalt im Freien. Bei aller Vorliebe für kühle Temperaturen muß man doch aufpassen, daß die Temperatur nicht unter 12 °C absinkt. Regelmäßiges Gießen und wöchentliches Düngen zur Zeit des Wachstums von April bis August sowie ein kühler Standort bei halber Wasserration im Winter sind die Wünsche. Umgetopft wird höchstens alle 2 Jahre. – Vermehrung durch Samen. Stecklinge wachsen nur schwer an.

Schefflera arboricola

Zur gleichen Gattung gehört auch die Fingeraralie, *Sch. elegantissima* (früher *Dizygotheca*). Diese elegante Aralie mit ihren schmalen, am Rand gezähnten, olivgrün gefärbten Blättern wünscht ein helles und ganzjährig warmes Plätzchen ohne direkte Sonne. Damit die Erde nicht auskühlt, sollte auch der Topf warm steht. Wir erhalten ihre Schönheit durch regelmäßiges, nie aber allzu starkes Gießen – es genügt, wenn der Wurzelballen niemals trocken wird – und durch wöchentliche Düngegaben von April bis August. Dann beginnt die Ruhezeit. Umgetopft wird je nach Bedarf alle 2–3 Jahre in nicht zu große Töpfe. – Vermehrung durch Aussaat.

Spaltblume
Schizanthus

Diese »Orchidee des kleinen Mannes«, wegen der Ähnlichkeit der Blütenform so genannt, überrascht durch die ungemein reichhaltige Farbskala der vielen kleinen, duftigen Blüten,

Schizanthus-Wisetonensis-Hybride

die das Blätterkleid fast völlig verdecken. Das Blühen beginnt Anfang Mai und erstreckt sich in kühlen, sonnenabgewandten, aber hellen Zimmern meist über mehrere Wochen. Die Blütenpracht bleibt dann lange erhalten, wenn reichlich gegossen und gedüngt wird.

Die Anspruchslosigkeit der reichblühenden Spaltblume kommt nicht von ungefähr. Sie ist nämlich noch gar nicht lange Mitglied der Zimmerpflanzengesellschaft. Ihren Blütenruhm begründete sie als geschätzte Einjahresblume für den Garten und Balkonkasten. – Vermehrung: Spaß macht die Anzucht dieser herrlichen Blütenpflanzen aus Samen. Ausgesät wird am Zimmerfenster von September bis Februar in Töpfe oder Pflanzschalen, die mit sandiger Erde gefüllt sind. Sofort nach der Keimung müssen die Saatgefäße an einem hellen, immer aber kühlen Platz, bei 12–15 °C stehen.

Weihnachtskaktus
Schlumbergera

Manchmal werden diese beliebten, immer wieder blühenden Gliederkakteen unter dem alten Namen *Epiphyllum* angeboten. Es gibt rote, rosa, weiße und rotviolette Sorten mit wenig oder stark gezähnten Sprossen. Richtig gehalten und gepflegt, blühen sie Jahr für Jahr. Man suche für sie einen hellen bis halbschattigen Platz im Zimmer und über Sommer einen sonnenabgewandten Standort. Wer einen Garten hat, stelle oder hänge sie unter oder zwischen Sträucher und Bäume. Im Zimmer genügen ihnen die dort herrschenden Temperaturen; nur im Winter bekommen sie möglichst einen kühleren Platz bei etwa 10–15 °C. Ist es dagegen wärmer, muß man sie auf jeden Fall so aufstellen, daß sie höchstens 10–12 Stunden Licht pro Tag erhalten, sonst unterbleibt die Blütenbildung. Bei Bedarf also wie den Weihnachtsstern schattieren (siehe S. 71).

Schlumbergera-Hybriden

Vorsichtig gießen und nie zu naß halten. Nur kalkarmes (abgestandenes) Wasser verwenden. Nach der Blüte etwa 6–8 Wochen weniger gießen und nicht düngen. Anschließend alle 14 Tage die Kakteen mit Dünger versorgen. Abfallen der Blattglieder und Knospen erfolgt meist bei zu kühlem und zu nassem Stand. – Vermehrung: Triebspitzen mit 3–5 Blattgliedern zu mehreren in einen Topf stecken. Vorher die Schnittflächen abtrocknen lassen.

Frauenhaargras
Scirpus

Blumenfreunde, die gleichzeitig Aquarianer sind, wissen das frischgrüne Frauenhaargras sehr zu schätzen. Es umkleidet mit seinen unzähligen, grünen Halmen die Zierfischgefäße und stellt gleichzeitig auch einen originellen Schmuck für Fensterbrett und Blumenbank dar. Hübsch anzusehen sind auch die stecknadelgroßen weißen Blütchen.

Abzuraten ist jedoch von der Verwendung als Ampelpflanze, da das Frauenhaargras stets in einem mit Wasser gefüllten Untersetzer stehen möchte; es sei denn, man verwendet Töpfe mit fest angebrachtem Untersatz. Es kennt überhaupt keine Ruhezeit und wächst ohne Unterlaß. Trockene Luft ist diesem zierlichen Gras höchst zuwider: Wir erleichtern ihm deshalb das Zimmerpflanzendasein durch oftmaliges Abspritzen des dichten Halmschopfes. Dafür dankt es uns durch ein freudiges Wachstum an sonnigen wie an schattigen Plätzen. Im Sommer wird das Gras mit schwachen Dungeportionen versorgt (etwa die Hälfte von dem, was andere Zimmerpflanzen erhalten). – Vermehrt wird das Frauenhaargras durch Auseinanderreißen des Wurzelballens.

Scirpus cernuus

Alle Selaginellen kommen mit wenig Licht aus und sind deshalb ideale Bodendecker für ebenso lichtgenügsame Palmen und andere Zimmerbäume.

Moosfarne stehen gerne in leichter, torfhaltiger Erde; hier läuft das Wasser schnell durch, und deshalb ist es nötig, sie öfter als andere Zimmerpflanzen zu gießen. Ein Zuviel an Wasser ist aber von Übel, genauso wie das Bespritzen der »wasserscheuen« Blätter. Dünger darf nur in geringen Mengen verabreicht werden. – Vermehrung: Alle Moosfarne lassen sich leicht durch Teilung der Pflanzen oder durch Abtrennen und Einpflanzen von Zweigspitzen vermehren. Ältere Pflanzen müssen ohnehin regelmäßig geteilt werden, damit sie ansehnlich bleiben.

Moosfarn
Selaginella

Der Blumenfreund findet die kleinen, farnähnlichen Selaginellen oft in Blumenschalen oder Geschenkkörben, besonders die kriechende *Selaginella kraussiana*, die entweder gelbgrüne oder grüne Blätter mit weißen Spitzen besitzt. Etwas größer und aufrecht wächst *S. martensii*, von der es auch eine Sorte mit weißgelben Blattspitzen gibt.

Selaginella-Arten und Sorten (von links): *S. kraussiana* 'Lyco', *S. martensii* 'Variegata', *S. kraussiana* 'Aurea' und *S. apoda*.

Cinerarie, Aschenblume
Senecio-Cruentus-Hybriden

Für wenig Geld bekommt man bei den Aschenblumen ein Meer von weißen, blauen, rosa, roten oder bunten Blüten, hinter denen sich die großen grünen und weniger ansehnlichen Blätter schamhaft verstecken. 4–6 Wochen dauert dieser herrliche Blütenflor im Zimmer an, wenn wir für die Cinerarie ein kühles, sonnenabgewandtes Plätzchen bereithalten.

Selbst an einem nicht zu warmen Standort entwickelt sie ein großes Wasserbedürfnis, hervorgerufen durch die Vielzahl von Blütenblättchen und großer grüner Blätter, die alle viel Wasser verdunsten. Deshalb muß die Cinerarie auch in den Untersetzer gegossen werden; ihre Wurzeln sind so widerstandsfähig, daß sie selbst durch dauernde Fußbäder keinen Schaden nehmen. Wer aber den Cinerarien etwas Gutes tun will, der fülle in einen 2–3 Nummern größeren Übertopf eine 2cm hohe Kiesschicht und stelle die Cinerarie darauf; diese Kiesschicht wird nun immer »unter Wasser« gehalten.

Da Wiederbelebungsversuche, also ein Weiterleben nach der Blüte, nicht erfolgreich verlaufen, kann man es wagen, mit diesen farbschönen Pflanzen auch dunklere Zimmerecken mit buntem Blütenleben zu erfüllen. Blätter und Blüten leiden hier nicht. Viele Blumenfreunde lehnen die Cinarien als »Läuseblumen« ab, doch liegt der Blattlausbefall meist nur an einem zu warmen Standort. – Vermehrung durch Aussaat oder durch Stecklinge, die man von der abgeblühten Pflanze gewinnt.

Gloxinie
Sinningia

Sehr große, glockenförmige, prächtig gezeichnete Blüten in vielfältigen Farbtönen erheben sich über einem sattgrünen, kreisförmigen Blätterkranz und machen die Gloxinie zu einer Blütenpflanze der Spitzenklasse.

Zum Wohlbefinden dieser Blütenschönheit gehört ein heller Platz, geschützt vor Zugluft und sengenden Sonnenstrahlen. Das Gießen ist mit besonderer Sorgfalt vorzunehmen; wir verwenden nur lauwarmes, möglichst kalkfrei-

Senecio-Cruentus-Hybriden

Sinningia-Hybriden

es, zumindest abgestandenes Wasser, das vorsichtig an den Rand des Topfes gegeben wird, um Fäulnis am Stammgrund zu vermeiden. Wer ganz sichergehen will, gießt in den Untersetzer, aber nur soviel, wie die Gloxinie im Laufe eines Tages an Wasser aufnehmen kann. Ein Spritzen oder Sprühen ist unerwünscht. Allerdings ist festzustellen, daß die Gärtner immer widerstandsfähigere Sorten züchten, die die empfindlichen Gloxinien nach und nach ablösen. So gehört diese Blütenpflanze mittlerweile schon zu den »Anspruchslosen«.

Dieses hübsche Gesneriengewächs braucht nicht nur einen Sommer zu blühen, man kann sie vielmehr mehrere Jahre erfolgreich halten. Dazu läßt man die Pflanze nach der Blüte eintrocknen, stellt sie an ein nicht zu kühles Plätzchen (bei 12–15 °C) und nimmt im Januar/Februar die auf diese Weise ausgereiften Knollen aus dem Topf. Die verbrauchte Erde schüttet man fort, schneidet die Wurzeln ab und legt die Knollen dann auf einen mit neuer Erde gefüllten Blumentopf. Im warmen Zimmer aufgestellt, wird dann entsprechend der Entwicklung von Blättern und Blüten erst wenig, später mehr gegossen. Ähnlich geht die Anzucht der Schiefteller (siehe S. 31) vor sich. Die trockenen Knollen sind (in mehreren Sorten) in Gartenfachgeschäften erhältlich. Beim Antreiben empfiehlt es sich, an jeder Knolle nur 1–2 Triebe zu belassen, die sich dann umso besser entwickeln. – Vermehrung durch Blatt- und Triebstecklinge.

Korallenkirsche
Solanum pseudocapsicum

Korallenkirschen gehören zu den wenigen Zimmerpflanzen, die nur wegen ihrer großen, runden, roten oder gelben Früchte gehalten werden. Es sind niedrige Sträucher, die bei einiger Pflegemühe Dauergäste an hellen und sonnigen Fenstern sein können.

Sie lieben und brauchen viel Sonne und frische Luft und sollten deshalb im Sommer immer im Freien auf dem Balkon oder im Garten stehen. Stehen sie im Zimmer zu warm, schrumpfen die Früchte. Hier erhalten sie natürlich viel Wasser, während im Herbst und Winter im Zimmer nur recht wenig gegossen wird, schon deshalb, weil die Korallenkirschen in nicht zu warmen (10–15 °C) Räumen die kalte Jahreszeit überdauern sollten. Im Februar schneidet man die Zweige stark zurück; so wird ein neuer Austrieb angeregt, dem im Ju-

Solanum pseudocapsicum

ni/Juli weiße Blütchen folgen, die dann zu den hübschen, korallenroten oder goldgelben Beerenfrüchten werden. – Vermehrung durch Aussaat.

Soleirolia soleirolii

Bubiköpfchen
Soleirolia

Das Kräutlein »Bubikopf« mit seinen winzigen, über den Topfrand herabhängenden, grünen oder gelblichen Blättchen läßt sich recht hübsch als Ampelpflanze oder als Bodendecker für Zimmerbäume verwenden.

Das zierliche Pflänzchen ist überaus anspruchslos und wächst in normaler Erde, der man etwas Sand beimischt. In nährstoffreicher Erde werden die Blätter sofort größer. Eine Düngung dieser lustig anzuschauenden Zwerge sollte deshalb auch unterbleiben.

Sie wächst überall, diese reizende Liliputanerin aus Mallorca, Korsika und Sardinien, selbst an halbdunklen und dunklen Ecken, in kühlen wie in (nicht allzu) warmen Zimmern, und sie erfreut uns in der Ampel mit unendlich vielen herabhängenden, fadendünnen Zweigen. Beim Gießen heißt es aufpassen, daß die Blätter nicht feucht werden. Außerdem gelegentlich umtopfen – mehr ist wirklich nicht zu beachten. – Vermehrung: Mit einem »Bubiköpfchen« kann man auch anderen Zimmergärtnern viel Freude machen, denn jeder abgeschnittene Trieb wächst an und wird deshalb, in einen kleinen Topf gesteckt, zu einem begehrten Tauschobjekt.

Zimmerlinde
Sparmannia

Raschwüchsig und genügsam überdauert die Zimmerlinde selbst ungünstige Lebensbedingungen. Ab einem bestimmten Alter erscheinen neben den vielen hellgrünen, behaarten Blättern an älteren Pflanzen sogar noch wunderhübsche weiße Blütchen.

Wer über das Wachstum der Zimmerlinde klagt, bedenke, daß sie gerne an hellen bis sonnigen (keine Prallsonne) Plätzen in kühlen Räumen steht und in der Zeit des Wachsens, von März bis August, leistungssteigernde, wöchentliche Düngegaben und viel Wasser wünscht (etwa dreimal so viel wie eine Birkenfeige).

Nur im Winter wird weniger gegossen, wie es sich gehört, je nach der Zimmertemperatur. Entsprechend ihrem starken Wachstum erhalten die Zimmerlinden alle 2–3 Jahre einen neuen, größeren Topf; dieser »Umzug« darf nicht zu spät im Jahr, spätestens im April, vornehmen. – Vermehrung: Von Mai bis Juni können Stecklinge geschnitten werden. Am besten und schnellsten wachsen nicht zu weiche, etwas braun verholzte Triebspitzen, die man in einen Topf mit recht sandiger Erde steckt.

Sparmannia africana

Einblatt
Spathiphyllum

Das Einblatt ist ein pflegeleichtes, blatt- und blütenschönes Aronstabgewächs mit kleinen, grünlichen, wie bei der Kalla (S. 135) von einem weißen Hochblatt umgebenen Blüten, die angenehm duften und monatelang ansehnlich bleiben.

Es schätzt einen hellen, sonnenabgewandten Platz, nimmt aber auch im Sommer mit einem halbschattigen Standort vorlieb. *Spathiphyllum* erträgt niedrige bis höhere Zimmertemperaturen und scheint gegen Lufttrockenheit immun zu sein.

Gegossen wird bei Zimmertemperaturen um 20 °C jeden zweiten Tag, bei kühlerem Stand höchstens in drei, besser in viertägigen Abständen. Regelmäßige Düngegaben sind, um die Blühfreudigkeit zu fördern, von März bis Oktober unbedingt nötig. Umpflanzen jedes zweite Jahr im Frühjahr. – Vermehrung durch Teilung beim Umpflanzen.

Spathiphyllum wallisii

Kranzschlinge
Stephanotis

Wer Freude an einer Wachsblume (*Hoya,* siehe S. 86) hat, für den ist der Weg zu den großblättrigen Kranzschlingen nicht weit. Die Ansprüche und Lebensgewohnheiten beider Pflanzen sind ähnlich, nur wünscht *Stephanotis floribunda* viel frische Luft und nährstoffreiche Erde. Vorsicht beim Gießen: Wir gießen

Stephanotis floribunda

Streptocarpus-Hybride

reichlich, sorgen aber dafür, daß kein Wasser im Untersatz stehenbleibt. Die wunderhübschen, weißen, duftenden Blüten erscheinen nur, wenn die Pflanze nicht zu warm und nicht zu naß steht. Außerdem: häufig sprühen mit abgestandenem, zimmerwarmem Wasser, das auch zum Gießen verwendet wird. Von Februar bis August alle 2 Wochen düngen, dann allmählich einstellen. Für den Blütenansatz ist es auch wichtig, daß die Triebe einen gewissen Reifezustand erreichen, was neben den genannten Maßnahmen durch eine Ruhezeit von Oktober bis Januar (keine Düngung, kühler Stand bei etwa 12 °C, geringe Wassergaben) erreicht werden kann.

Die Kranzschlinge entwickelt mächtige Ranken, denen man durch Bambusstangen den nötigen Halt zum Emporranken geben muß. Man sollte schon im Jugendstadium mit dem Festbinden der Ranken beginnen, um kein Lianenwirrwar entstehen zu lassen. – Die Vermehrung läßt sich mit Erfolg durchführen, wenn man eine Plastikhaube über die Triebstecklinge stülpt.

Drehfrucht
Streptocarpus

Wem die Gloxinie (*Sinningia*, siehe S. 126) so recht ans Herz gewachsen ist und wer nur deren anspruchsvolle Lebensweise und kurze Lebensdauer bedauert, dem sei ihre unermüdlich blühende und nicht minder reizvolle Verwandte, die Drehfrucht, empfohlen. Sie ist genügsam, wächst und blüht selbst an lichtunbegünstigten Fenstern und erfreut uns durch wunderschöne, große, trichterförmige Blüten von zarten Farbtönen in Weiß, Rosa, Rot, Violett und Blau.

Die lange Blütezeit, vor allem der älteren Pflanzen, macht uns die Drehfrucht besonders liebenswert. Wir danken ihr diese Bemühungen durch regelmäßiges Gießen und von Mai bis September durch wöchentliche Düngegaben. Aufgepaßt, gegen übermäßige Nässe ist sie sehr empfindlich. Notwendig ist ein sonnengeschützter Platz bei nicht zu niedriger Zimmerwärme im Winter. Ideal sind Temperaturen von 20–25 °C. Nach der Blüte erhält die Drehfrucht durch Nicht-mehr-düngen und weniger Gießen eine mehrmonatige, den Winter über dauernde Ruhezeit. Anschließend werden im Frühjahr die Pflanzen umgetopft. Nach dem Umsetzen wird in den ersten Wochen zunächst wenig gegossen und die Wassergabe mit dem Wachstum allmählich erhöht. – Vermehrung durch Teilen oder Aussat im Sommer.

Purpurtute
Syngonium

Das schnellwachsende *Syngonium* kann sowohl als Kletterpflanze (an Moosstämmen) als auch als Bodendecker verwendet werden. Man kann beinahe zusehen, wie rasch *S. auritum* – so heißt die Art mit den pfeilförmigen, glänzendgrünen Blättern – heranwächst. Hellgrün und dünn sind die Blätter von *S. podophyllum*, von der es auch eine Sorte mit gelbgefärbten und eine mit weißumrandeten Blättern gibt. Die Purpurtuten kann man auch als Ampelpflanze einsetzen. Dabei muß aber eine bequeme Wasserversorgung gewährleistet sein, zum Beispiel durch einen Übertopf in der Ampel.

Purpurtuten stellen an Pflege und Wartung nur geringe Ansprüche. Sie wachsen besonders schnell in warmen Räumen, wo wir sie aber immer ausreichend mit Wasser versorgen müssen; außerdem gedeiht *Syngonium* sogar noch an lichtunbegünstigten, schattigen bis halbschattigen Plätzen, ausgenommen die buntblättrigen Formen.

Werden die Blätter an den Spitzen der Triebe kleiner, so liegt Nahrungsmangel vor; deshalb von März bis August alle 14 Tage düngen. Zu empfehlen: Die ganze Pflanze hin und wieder besprühen. – Vermehrung durch Einpflanzen von Trieben mit Luftwurzeln.

Syngonium podophyllum 'Albolineata'

Prinzessinnenblume
Tibouchina

Eine der schönsten blauen Zimmerpflanzen mit sich verändernden Farbtönen von Blau bis Violett ist die Prinzessinnenblume. Die rosa und weißen Sorten wirken dagegen fast blaß. Gut zu wissen, daß die Prinzessinnenblume alljährlich zurückgeschnitten werden muß, da sie sonst Zimmerhöhe erreichen würde. Außerdem gestaltet sich der Wuchs etwas sparrig, so daß ein Formschnitt angebracht ist.

Die »Prinzessin« braucht einen stets hellen, im Zimmer sonnenabgewandten, auf Balkon

Tibouchina urvilleana

Tillandsia tenuifolia

Tolmiea menziesii

oder Terrasse vollsonnigen Platz. Im Winter steht sie gerne kühler bei 12–18 °C. Gegossen wird je nach Temperatur: im Sommer reichlich, im Winter bei kühlem Standort weniger (Staunässe vermeiden!). Dünger erhält die *Tibouchina* von Mai bis August alle 14 Tage. Bei gutem Wachstumszustand topft man jedes Jahr im Frühjahr um. – Vermehrung durch nicht verholzte Spitzentriebe, die man in bodenwarme Erde (Zimmergewächshaus) steckt.

Tillandsie
Tillandsia

Dies ist die artenreichste Bromeliengattung mit den merkwürdigsten Pflanzengestalten. Im Wuchs bleiben Tillandsien meist klein und zierlich. Manche erfreuen durch reizvolle Blütenstände mit bläulichen, rosa oder gelben Farbtönen. Eingeteilt werden sie in zwei Gruppen: in »graue« Tillandsien, die Wasser und Nährstoffe aus der Luft aufnehmen (z. B. *T. usneoides*), und in »grüne« mit grasartigem Blätterschopf und blauvioletten Blüten (z. B. *T. cyanea*), die aussehen wie kleine Vrieseen (S. 132).

Als Aufsitzerpflanzen wirken Tillandsien am besten an Epiphytenstämmen oder knorrigen Ästen. Sie brauchen einen hellen, sonnenabgewandten Platz und normale Zimmertemperaturen, nicht unter 18 °C. Wie alle epiphytischen – das heißt baumbewohnenden – Bromelien in den Trichter gießen, das Substrat im Topf nur anfeuchten und die Pflanzen regelmäßig besprühen. Für das Gießen und Sprühen stets abgestandenes, zimmerwarmes Wasser verwenden. Flüssigdünger wird von Mai bis August jeden Monat einmal auf die Pflanze gesprüht. – Vermehrung durch Kindel.

Henne mit Küken
Tolmiea

Wie bei ihrem Verwandten, dem Judenbart (siehe S. 121), entstehen an der weichblättrigen Pflanze das ganze Jahr über neue Pflänzchen, die abgetrennt und in kleine Töpfchen gesetzt, sofort weiterwachsen. Die am wirkungsvollsten in Ampeln zu setzenden Pflanzen eignen sich für schattige, ja fast dunkle und kühle Standorte. Auch als Unterpflanzung von Zimmerbäumen wie Palmen oder *Yucca* sind sie gut zu verwenden, da die fertig ausgebildeten Jungpflanzen hier sofort anwurzeln und in Kürze den kahlen Boden bedecken. Die im Mai/Juni erscheinenden Blüten sind eher unscheinbar.

T*olmiea* stellt keinerlei Lichtansprüche; sie mag nur keine direkte Sonnenbestrahlung. Jeder Platz ist ihr recht, wenn auch kühle Standorte bevorzugt werden. Regelmäßige und reichliche Wassergaben sind erwünscht. Gedüngt wird von Juni bis August in 14tägigen Abständen. Das starke Wachstum verlangt ein jährliches Umtopfen im Frühjahr. – Vermehrung: einfach durch Einpflanzen der sich ständig bildenden, jungen Pflänzchen.

Tradeskantie
Tradescantia

Jeder Blumenfreund kennt Tradeskantien und schätzt sie vor allem wegen ihrer Schnellwüchsigkeit und den vielen Stecklingen, die sie liefern. Sie sind sich durchaus nicht alle ähnlich, sondern in der Blattform und in erster Linie in der Blattzeichnung sehr unterschiedlich. Natürlich sollten wir dabei auch ihre Blüten nicht vergessen. Am bekanntesten ist *T. fluminensis*, die weißblühende Art mit grünen Blättern und den Sorten 'Aureovittata' (gelblich-rahmfarbige Blätter) und 'Albovittata' (weißbunte Blätter). Bei *T. cerinthoides* sind die Triebe starr, fleischiger, die Blätter unterseits lila getönt; diese Art ist schon etwas für Kenner. Sehr schön sind *T. crassula* 'Variegata' mit weißgezeichneten Blättern und vielen großen, weißen Blüten, sowie das Zebrakraut *T. zebrina* (früher *Zebrina pendula*) mit etwas breiteren, ovalen Blättern.

Wer die panaschierten (buntlaubigen) Formen besitzt, denke unbedingt daran, daß diese niemals zu sehr gedüngt werden dürfen, da sie sonst bald vergrünen und im Blühen nachlassen. Sonst aber sind Tradeskantien denkbar anspruchslos und wuchsfreudig. Das schnelle und gleichmäßige Wachstum kann man noch erheblich durch Gießen mit enthärtetem Wasser verbessern. Tradeskantien sind mit jedem Zimmerplatz zufrieden, wenn ihnen auch ein heller Standort besser gefällt, da sie in vollem Licht die hübsche Zeichnung ihrer Blätter und die zahlreichen Blütchen besser entfalten können. – Vermehrung durch Kopf- oder Teilstecklinge, die leicht in Erde oder Wasser bewurzeln.

Tradescantia fluminensis 'Rochford Silver'

Veltheimie
Veltheimia

Die Veltheimie ist ein attraktives Zwiebelgewächs aus Südafrika mit grünen, gewellten Blättern und zahlreichen lachsrosa gefärbten Blüten in oft monatelang haltbaren, ansehnlichen Blütentrauben, die auf hohen, braungefleckten Zwiebelschäften stehen.

Dabei erscheinen diese herrlichen Blüten alle Jahre wieder – von Januar bis März –, ohne daß wir uns viel Pflegemühe machen müssen. Nur die Ruhezeit heißt es, genau zu beachten. Sie beginnt nach der Blüte und endet im August. Dann bekommt die Veltheimie, wie es sich für eine richtige Zwiebel gehört, überhaupt kein Wasser mehr, so daß die Blätter völlig einziehen und vertrocknen. In dieser Trockenzeit steht der kahle Topf aber auch recht warm und sonnig. Anfang September beginnen wir dann mit dem Gießen, erst wenig,

Veltheimia capensis

Vriesea splendens 'Flammendes Schwert'

später mehr, ganz im Verhältnis zur Blattentwicklung. Veltheimien möchten in der Wachstums- und Blütezeit einen hellen, sonnigen, luftigen und kühlen Platz. Bei Zimmertemperaturen über 12 °C befriedigen Blattwachstum und Blütenfarbe nicht. Umgetopft wird nach der Ruhezeit in nicht zu große Töpfe. Beim Umtopfen müssen die alten Wurzeln abgeschnitten werden; die Zwiebel soll zu einem Drittel aus dem Topf herausschauen. – Vermehrung durch Brutzwiebeln, die aber erst nach zwei bis drei Jahren blühen.

Vrisee
Vriesea

Neben *Aechmea fasciata* ist die 'Flammendes Schwert' genannte Sorte von *Vriesea splendes* die wohl schönste aller Blütenbromelien. Aus einem dunkelbraunroten, fast schwarz gebänderten Blattrichter erhebt sich der schwertförmige, scharlachrote Blütenstand, aus dem nach und nach kleine gelbe Blütchen erscheinen. Es gibt auch grünblättrige Hybriden von *V. splendens*. Hellgrüne Blätter hat die kleine *V. psittacina*, die »Papageienvriesee«, mit breitovalem, gelbrotem Blütenstand.

Vrieseen haben es gerne feucht und warm (nicht unter 18–20 °C) und außerdem hell, damit die schöne Blattzeichnung erhalten bleibt. Gegossen wird mit abgestandenem, zimmerwarmem Wasser, sowohl in den Trichter als auch in den Topf. Vorsichtig düngen! Am besten flüssigen Guano in schwacher Konzentration, etwa die Hälfte von dem, was andere Pflanzen bekommen. Düngezeitpunkt: Sommer. – Vermehrung durch Kindel, die beim Abtrennen bereits halb so groß sein müssen wie die Mutterpflanze.

Palmlilie
Yucca

Die Palmlilie, »Lilie« wegen ihrer weißen, glockigen Blüten genannt, sieht den grünblättrigen Drazänen (siehe S. 68) sehr ähnlich und ist wie diese bekannten Zimmer- und Kübelpflanzen sehr robust und problemlos. Die sich aus den Stämmen entwickelnden Blattschöpfe werden mit der Zeit immer dichter und vermitteln den Reiz tropischen Wachstums. Der Stamm wächst übrigens nicht mit.

Palmlilien fühlen sich wohl an einem hellen bis sonnigen Platz im Zimmer und von Mitte Mai bis Ende September an einem geschützten Platz im Freien, auf dem Balkon, vor dem Hauseingang oder auf der Terrasse.

Die in jeder Beziehung robusten Palmlilien sind unempfindlich gegen trockene Luft und sollten von Frühjahr bis Herbst regelmäßig und reichlich gegossen werden (nur darf kein Wasser im Untersatz stehenbleiben). Im Winter stelle man sie kühler bei 16–18 °C. Düngegaben von April bis August in 14tägigen Abständen erhöhen die Wachstumslust erheblich. Beim Umtopfen nährstoffreiche Erde verwenden. – Vermehrung durch Kopfstecklinge, Seitensprosse oder Stammstücke (ab 10 cm Länge). Auch Abmoosen oder Aussaat sind möglich.

Yucca elephantipes

Zimmerkalla, Kalla
Zantedeschia

Neben der bekannten Kalla mit weißen Hochblättern (*Z. aethiopica*) gibt es von *Z. elliottiana* Sorten mit rosa, roten und gelben »Blüten« und silbrig gefleckten Blättern. Den anspruchslosen Pflanzen genügt ein heller bis halbschattiger und im Winter zur Blütenbildung ein kühler Platz (10–15 °C) mit viel Licht. Ab Dezember ins warme Zimmer stellen und im Sommer ins Freie. Die Arten mit Knollen (*Z. elliottiana* und *Z. rehmannii*) werden trocken bei etwa 15 °C überwintert. Während der Wachstums- und Blütezeit wird reichlich gegossen und gedüngt. Nach der Blüte 2 Monate weniger gießen und nicht mehr düngen. Danach in eine nährstoffreiche Erde umtopfen. Erst kühl stellen, dann ab Dezember bis Ende der Blüte wärmer. – Vermehrung durch Teilung der Knollen, bei *Z. aethiopica* durch Teilung der Pflanze.

Zantedeschia elliottiana

Zimmerpflanzen und ihre Pflege

Gießen

Einige Blätter sind voll von kleinen rostähnlichen Flecken, andere werden gelb, braun und fallen ab. Spitzen verkümmern, Knospen öffnen sich nicht zu Blüten, das ganze Wachstum stockt. Hinter diesem Unwohlsein der Zimmerpflanzen vermuten manche Blumenfreunde das Wirken von Schädlingen oder Krankheiten. Und dabei ist, trotz Läusen, Rost und Mehltau, die Wurzel allen Übels bei falsch durchgeführten Pflegemaßnahmen zu suchen. Vor allem das richtige Gießen bestimmt über das Wohlbefinden der Pflanzen ganz entscheidend. Natürlich ist Gießen keine Kunst. Aber richtiges Gießen will gut überlegt sein.

Auch Zimmerpflanzen sind abhängig von der Umwelt. Ihr Wachstum wird beeinflußt von Licht und Wärme, von Nährstoffen, Erde, Blumengefäßen und vom Rhythmus der Jahreszeiten. Und jede Pflanze hat hier andere Wünsche. Da gibt es Pflanzen, die für ihr dichtes Blätterkleid viel Wasser brauchen, wie Cinerarien, Pantoffelblumen, Gloxinien, Hortensien und Jungfernreben oder solche, die in einer lockeren, das Wasser kaum festhaltenden Erde leben, wie etwa die Azaleen oder die Kamelien. Andere wieder sind wahre Durstkünstler, wie die Kakteen und andere Sukkulenten; sie verlangen sogar eine Ruhezeit, in der Wasser nur schlückchenweise verabreicht werden darf. Sonderwünsche haben die Ananasgewächse, denen das Wasser in den zisternenartigen Trichter gegeben wird.

Das Wie-oft- und Wieviel-Gießen richtet sich aber auch nach der Zimmertemperatur. Es leuchtet ein, daß bei großer Wärme die Gießkanne öfter in Aktion treten muß als bei kühlen Temperaturen. Eine wichtige Rolle beim Abmessen der Wassermenge spielt auch die Topfgröße. Pflanzen, deren Wurzeln schon unten oder oben aus dem Topf drängen, brauchen viel Wasser. Ein frisch umgepflanztes Gewächs dagegen, das vielleicht noch dazu in einem viel zu großen Topf wachsen muß, sollte bis zum deutlich sichtbaren Anwachsen nur die Hälfte der vorher verabreichten Wasserration erhalten.

So geht, auch beim Gießen, nichts nach Normen und Regeln vor sich. Die Erfahrung aber lehrt: Immer dann gießen, wenn der obere Teil der Erde sich trocken anfühlt. Diese sogenannte Fingerprobe wird zur sicheren Diagnose durch ein gleichzeitiges Abklopfen des Tontopfes: Klingt es hell, ist Wasser nötig, klingt es dumpf, braucht die Gießkanne nicht in Aktion zu treten.

Gute Erfahrungen werden immer wieder mit dem Tauchen der Zimmerpflanzen gemacht, das viele Blumenfreunde aus guten Gründen dem Gießen vorziehen. Der »Tauchvorgang« ist einfach: die Pflanzen bis über den Topfrand in Wasser setzen und sie solange in diesem erfrischenden Wasserbad lassen, bis keine Bläschen mehr aus der Topferde aufsteigen. Bevor wir die »gebadeten« Pflanzen wieder an ihren Platz stellen, lassen wir sie gut abtropfen, damit keine wurzelschädigenden Fußbäder im Untersatz oder Übertopf entstehen. Das Tauchen erscheint für die Besitzer vieler Zimmerpflanzen etwas umständlich, ist es aber nicht, weil die Pflanzen danach je nach Zimmertemperatur, tagelang kein Wasser brauchen. Zum anderen haben wir die Gewißheit, daß die Erde rundum feucht und der Wasserhaushalt aufs beste geregelt ist. Außerdem genießen die Pflanzen, vor allem in den Wintermonaten, die durch das Tauchen in Wannen oder Eimer entstandene Luftfeuchtigkeit wenigstens für ein paar Stunden. Und es überrascht deshalb nicht, wenn zahlreiche Blumenfreunde meinen: Tauchen ist bequemer, einfacher und besser als Gießen.

Als wahren Jungbrunnen empfinden die Zimmerpflanzen ein gelegentliches Abspritzen oder Duschen, und das nicht nur wegen des unvermeidlichen Staubbelages auf Blättern und Stielen. So ist im Winter die Luft im Zimmer besonders trocken und deshalb für alle Pflanzen fast eine Gefahr. Wie dankbar sind sie deshalb für ein wöchentliches Abbrausen oder, noch besser, für ein Besprühen mit einer dieser praktischen, kleinen Druckspritzen. Das Besprühen erhöht die Luftfeuchtigkeit in unmittelbarer Nähe der Pflanzen und entfernt den porenverstopfenden Staub.

Azaleen wurzeln in einer lockeren Erde, die schnell austrocknet. Sie brauchen deshalb viel Wasser.

Wenn Pflanzen »gebadet« werden, sollte man darauf achten, daß die Erde im Blumentopf nicht zuviel Wasser abbekommt. Beim Abspritzen, Absprühen oder Duschen der derbblättrigen Blatt- und Blütenpflanzen (und nur dieser) decken wir darum die Erdoberfläche der Blumentöpfe mit wasserundurchlässigen Plastikbeuteln ab und verhindern auf diese Weise mögliche Wurzelerkrankungen. Diese machen sich oft durch Gelb- und Braunwerden der Blätter, aber auch durch einen fauligen Geruch der Erde bemerkbar. Also ab und zu die »Nasenprobe« machen: Riecht die Erde sauer oder faulig, dann hilft nur eins: Sofortiges Umtopfen in frische Erde und am besten auch gleich in einen neuen Topf.

Von hartem und weichem Wasser

Tatsächlich ist Wasser nicht gleich Wasser. Das Leitungswasser weist erstaunlich unterschiedliche Härtegrade auf, und diese Härtegrade sind es, die den Pflanzen oftmals zu schaffen machen. Bei hartem Wasser ist der Kalkgehalt derartig hoch, daß eine Verlaugung der Erde eintritt, die das Wachstum erheblich beeinträchtigt. Die Erde riecht »sauer« heißt es dann, obwohl der muffige Geruch nicht auf eine Versauerung, sondern auf eine Verkalkung der Erde zurückgeführt werden muß. An den Tontöpfen zeigen sich dann an der Außenseite weißliche Verfärbungen, die reine Kalkablagerungen sind.

Um Schaden zu vermeiden, sollte man den Härtegrad des Wassers genau kennen (Wasserwerk anrufen). Die meisten Zimmerpflanzen kommen mit pH-Werten zwischen 5,5 und 6,5 aus. Nur kalkempfindliche Gewächse wie Azaleen, Kamelien, Gardenien, Anthurien, Hortensien und Zimmertannen brauchen pH-Werte von 4,5 bis 4. Für diese Gewächse muß das Wasser unbedingt entkalkt werden, sonst kommt es zu häßlichen Blattaufhellungen und anderen Schäden. Für pH-Messungen der Erde gibt es im Fachhandel praktische und preiswerte Teststreifen. Das Abkochen oder 24stündige Stehenlassen des zum Gießen vorgesehenen Leitungswassers ist nicht der Weisheit letzter Schluß, wenn auch damit erste Hilfe geleistet wird. Außerdem geht dabei die im Wasser in feinster Verteilung vorhandene Luft verloren, was zur Verdichtung der Blumenerde führen kann. Bessere Erfahrungen wurden mit Torf gemacht: in einen Eimer Wasser ein Säckchen mit fein zerkleinertem Torf (20 g Torf auf 1 l Wasser) einhängen und über Nacht für etwa 12–15 Stunden stehenlassen.

Alle diese mehr oder weniger umständlichen Prozeduren werden überflüssig bei der Anwendung eines leicht zu handhabenden Wasserenthärtungsmittels bei diesen flüssigen Mitteln, in kleinen Fläschchen erhältlich, ist die Anwendung völlig problemlos. Außerdem kann es dabei nicht zu Über- oder Unterdosierungen kommen. Dafür sorgt ein einfaches Farbsystem: Es wird nur soviel von dem Mittel in das zu enthärtende Wasser gegeben, bis eine Gelbfärbung eintritt. Manchmal gibt es auch einen blauen Farbumschlag, der für den Vorgang der Wasserenthärtung aber ohne Bedeutung ist. Anschließend läßt man das Wassergefäß einige Stunden stehen, so daß sich der Kalk am Boden absetzen kann. Dann wird das kalkfreie Wasser vorsichtig in die Gießkanne umgefüllt. Den abgesetzten Kalk gießt man in den Ausguß.

Man kann einen hohen Kalkgehalt auch mit ein paar Spritzern Essig im Gießwasser ausgleichen, wenn man den Geruch nicht scheut.

Düngen

Eine regelmäßige Düngung der Zimmerpflanzen sollte selbstverständlich sein, denn viele sogenannte Pflanzenkrankheiten sind auf falsche Pflegemaßnahmen zurückzuführen. Vor allem sollte man nie Gartendünger verwenden, deren Kalkgehalt den Zimmerpflanzen zu schaffen machen kann. Dabei ist das Düngen heute so einfach, weil viele gute Düngemittel in praktischen, kleinen Dosen oder Packungen zur Verfügung stehen. Diese schnellwirksamen Volldünger enthalten die drei wichtigen und für das Pflanzenwachstum unbedingt erforderlichen Grundnährstoffe Stickstoff, Phosphor und Kalium in der richtigen Dosierung. Auch Spurenelemente und weitere Mineralstoffe sind in guten Volldüngern vorhanden.

Viele Blumenfreunde schwören auf die Flüssigdünger, weil das Anrichten der Nährlösung mühelos und sauber vor sich geht: Man braucht nur die Dosierflasche zu kippen und kurz umzurühren.

Mit dem Düngen verhält es sich wie mit dem Gießen: Ein Zuviel ist stets von Übel. Vor allem sollte man nur gesunde Pflanzen mit Düngegaben »füttern«, nicht etwa schwache oder kränkliche, die nicht in der Lage sind, die Nährstoffe aufzunehmen und weiterzuleiten; wir dürfen also nicht etwa glauben, kranken Pflanzen mit reichlichen Düngegüssen auf die Beine helfen zu können.

Fernzuhalten sind Dünger von Pflanzen, die in Blüte stehen oder zu blühen beginnen. Auch sollte man unbedingt vor dem Düngen die Töpfe leicht angießen, um von vornherein mögliche Schäden zu vermeiden. Beim Gießen der Düngelösung achten wir darauf, daß Blätter oder Triebe nicht benetzt werden. Diese Gefahr besteht bei Dünger in fester Form nicht, der mit einer Gabel vorsichtig in die Erdoberfläche eingearbeitet wird.

Genau wie der Wachstumszustand der Pflanzen ist beim Düngen auch die Jahreszeit zu berücksichtigen. So wird in den Herbst- und Wintermonaten den Zimmerpflanzen Ruhe verordnet, damit sie sich vom sommerlichen Blühen und Wachsen erholen können. In diesen Wachstumsferien ist jegliches Düngen untersagt, weil die jetzt entstehenden, neuen Triebe schwach und unansehnlich bleiben. Da hilft auch keine noch so gut gemeinte Nährstoffmahlzeit, weil Licht fehlt, das jede Pflanze braucht, um sich kräftig zu entwickeln.

Denn auch bei den Zimmerpflanzen müssen alle Lebensfaktoren im rechten Maß vorhanden sein: Licht und Dünger, Wärme und Wasser. Daraus lassen sich einfache Regeln ableiten. Fehlt Licht in der dunklen Jahreszeit, wird nicht mehr gedüngt. Ist es warm im Zimmer, wird mehr gegossen als in kühlen Räumen; das heißt also, die Wassergaben richten sich nach der Temperatur. Niemals den überwinternden Oleander im ungeheizten Flur genausoviel gießen wie den Gummibaum an der Zentralheizung in der warmen Stube.

Ruhezeit bedeutet also nicht Einschränkung der Wasssergaben auf die Hälfte der im Sommer verabreichten Menge oder mehr. Da würden dann die Dieffenbachien und Philodendren mit gelben und trockenen Blättern reagieren.

Eine Ausnahme von dieser Gießregel machen die Kakteen und andere Sukkulenten, die möglichst kühl untergebracht werden wollen und den ganzen Winter über nur tröpfchenweise Wasser erhalten. Nur der Weihnachtskaktus braucht Wasser und kann auch einen wärmeren Platz vertragen. Er soll ja auch zu den Festtagen blühen, oder wenigstens zu Silvester.

Die Düngemittel

Bei der Auswahl des Düngers ist darauf zu achten, ob es sich um reine Grünpflanzen oder um blühende Pflanzen handelt. Beide haben unterschiedliche Närstoffansprüche. Grünpflanzen sind vor allem auf Stickstoff angewiesen, während Blütenpflanzen mehr Phosphor und Kalium brauchen.

Die Industrie hat sich darauf eingestellt und bietet Grünpflanzen- wie auch Blühdünger an. Zu empfehlen sind für drinnen und draußen (Balkon- und Kübelpflanzen) vor allem die praktischen und pflanzenfreundlichen Flüssigdünger oder Etisso-Brausetabletten für Grünpflanzen (1 Tablette reicht für einen halben Liter Wasser), die sich schnell im Gießwasser auflösen. Fehler kann man nicht machen, da sich das Wasser bei Grünpflanzendünger leicht grün und bei Blühdünger leicht rot verfärbt. Auf die gleiche Farbe sind auch die Etisso-Nährkegel und die flüssige Pflanzen- und Blühnahrung von Etisso abgestimmt, so daß Verwechslungen nicht möglich sind.

Auch Düngestäbchen gibt es ganz speziell für Grünpflanzen (von Compo). Sie enthalten 12% Stickstoff, 4% Phosphor, 8% Kalium, 3% Magnesium und Spurenelemente. Manche Blumenfreunde versorgen ihre Aralien, Zimmertannen und andere Grünpflanzen mit diesen gehaltvollen Stäbchen, vor allem dann, wenn sie in Urlaub fahren, weil die Pflanzen so etwa 8 Wochen mit Nährstoffen versorgt sind. Eine weitere Flüssignahrung kann dann entfallen.

Alle Grünpflanzen sollten von März bis Oktober wöchentlich und von November bis Februar monatlich gedüngt werden. Für Grünpflanzen wie Fittonien, Peperomien und Efeu werden 5 ml in 1,5 l Gießwasser aufgemischt, bei größeren Grünpflanzen liegt die Aufwandmenge bei 5 ml in 1 l Gießwasser. Dabei ist stets darauf zu achten, daß die Konzentration der Lösung, die auf der Flasche (oder der Verpackung) angegeben ist, auf keinen Fall überschritten wird. Andernfalls muß man mit sehr hohen Nährstoffkonzentrationen rechnen, was von der Pflanze mit vertrocknenden Blatträndern angezeigt wird.

Blütenpflanzen brauchen vor allem Phosphor und Kalium, da diese beiden Nährstoffe die Blüten- und Samenbildung fördern und zudem für eine gute Ausfärbung der Blüte und Ausreifung der Samen beziehungsweise Früchte sorgen. Phosphor- und kalibetonte Dünger sind deshalb bei Blühpflanzen besonders vor und während der Blüte wichtig. Bei vielen handelsüblichen Fertigdüngern werden diese unterschiedlichen Ansprüche der Pflanzen leider zu wenig berücksichtigt. Anders dagegen bei den verschiedenen Blühpflanzendüngern, die es als Trockennahrung in Kegelform oder als »Pflanzennahrung« in flüssiger Form jeweils für Grün- und Blütenpflanzen gibt. Zu empfehlen sind auch hier Brausetabletten, die zugleich mit ganz speziellen Spurenelementen, sogenannten Pflanzen- bzw. Blühvitaminen, angereichert sind und außerdem noch Sauerstoff enthalten, der für die Wurzeln bessere Wachstumsbedingungen schafft. Diese Volldünger-Brausetabletten sind wie der fertige Flüssigdünger sowohl bei blühenden Zimmer- als auch bei Balkon- und Kübelpflanzen einzusetzen.

Flüssige Pflanzennahrung wie auch die im Gießwasser sich lösenden Brausetabletten haben den Vorteil, daß sie schnell wirken, weil sie von den Pflanzen ohne vorherige Umwandlung sofort aufgenommen werden können. Dafür ist die Düngewirkung jedoch zeitlich begrenzt.

Festdünger dagegen lösen sich meist langsamer auf und müssen durch das Gießwasser erst pflanzenaufnehmbar gemacht werden. Sie wirken deshalb nicht sofort, dafür hält ihre Wirkung länger an, zum Teil bis zu acht Wochen. Zu den Festdüngern gehören Düngekegel, die auch als »Trockennahrung« bezeichnet werden. Es handelt sich dabei um organische Langzeitdünger mit Hornmehl und Pflanzenvitaminen.

Spezialdünger

Zwar kommen die meisten Pflanzen mit den handelsüblichen Volldüngern aus, doch einige Arten brauchen einen Spezialdünger.

Azaleen, Kamelien und andere Moorbeetpflanzen brauchen saure Erde. Für sie gibt es Moorbeetpflanzen- oder Rhododendrondünger. Diese Spezialdünger enthalten vor allem Stickstoff, Phosphor und Kalium sowie die nötigen Spurenelemente in der für Moorbeetpflanzen richtigen Menge.

Die epiphytischen Bromelien und Tillandsien nehmen Wasser und Nährstoffe über ihre Blätter auf. Dünger für diese Arten müssen daher für die Saugschuppen auf den Blättern erreichbar sein, mit denen die Pflanzen sich ernähren. In Frage kommen flüssige Nährstoffmischungen, die salzfrei sind. Denn die Salze würden die Poren verstopfen. Geeignet sind auch stark verdünnter, flüssiger Guano oder Hydrokulturnährlösung. Die Dünger werden entweder gesprüht bzw. über das Tauchen verabreicht oder in die Blattrosetten gegossen.

Kakteen aus Steppen- und Wüstengebieten wachsen sehr langsam. Sie brauchen daher wenig Stickstoff. Weil sie meist kalkempfindlich sind, empfehlen sich Dünger, die 5–8% Stickstoff, 14–18% Phosphate und mindestens 18% Kalium enthalten. Kakteen z. B. dürfen nur im Frühjahr und Sommer gedüngt werden. Viele Kakteenarten haben ganz spezielle Ansprüche. Blattkakteen (*Epiphyllum*) etwa dürfen nur mit salzfreien Düngern versorgt werden.

Für die als Aufsitzer wachsenden Orchideen gilt dasselbe wie für Bromelien. Wichtig ist eine starke Verdünnung der flüssigen Lösungen. Auf jeden Fall muß darauf geachtet werden, daß sie salzfrei und leicht basisch sind (pH-Wert über 7). Geeignet sind schwache Hydrokulturlösungen.

Hausmittelchen

Von sogenannten Hausmittelchen kann man keine Wunderdinge erwarten. Auch vermischen sich bei ihnen manchmal Legende und Wirklichkeit. Da kommt auch so manche Unsitte ans Tageslicht, die den Pflanzen ganz schön zu schaffen macht. So ernährt das kalkhaltige Eierschalenwasser die Pflanzen nicht nur unzureichend, sondern macht auch kalkfeindliche Pflanzen wie Hortensien und Azaleen krank und gelbsüchtig.

Dagegen mögen die Pflanzen, die saure Erde lieben, tatsächlich Kaffeesatz, wenn er sich in der Pflanzenerde befindet. In das Reich der Märchen gehört dagegen die Meinung, daß durch Begießen mit Kaffee oder Tee unsere grünen Freunde zum Wachstum angeregt werden. Bier im Gießwasser wirkt als milder Dünger, aber keinesfalls besonders wachstumsfördernd. Genauso wenig wirksam ist Salatöl, das, auf die Blätter gerieben, nur die Poren verstopft und die Atmung stört. Mineralwasser

Zimmerlinden, Gummibäume und Palmen wachsen bei Beachtung der Pflegeregeln zu attraktiven und gesunden Pflanzen heran.

nützt wenig beim Begießen, schadet aber auch nicht und sollte vor allem niemals als Vasenwasser verwendet werden. Abgestandenes Mineralwasser können Sie durchaus als Gießwasser verwenden, wenn alle Kohlensäure entwichen ist. Es ist aber keinesfalls immer kalkfrei und damit für Azaleen und Hortensien geeignet, denn viele Wässer enthalten sehr viel Kalk (siehe Etikett).

Licht

Wie groß die Bedeutung des Lichtes für das Pflanzenwachstum und wie unterschiedlich das Lichtbedürfnis der Zimmerpflanzen ist, braucht nicht erst statistisch oder tabellarisch belegt zu werden. Jeder Zimmergärtner weiß, daß sich manche Pflanzen förmlich dem Licht entgegenrecken, daß buntblättrige Arten in dunklen Ecken nach und nach ihre Farbe verlieren und daß mancher »Blattfall« oder eine Blattverfärbung auf Lichtmangel zurückgeführt werden muß.

Nun sind hell und dunkel ziemlich relative Begriffe, die jeder »nach Gefühl« anders zu deuten weiß. Hinzu kommen die unterschiedlichen Lichtverhältnisse in den Zimmern, bedingt durch verschiedene Fenstergrößen und dem von der Lage des Hauses abhängigen Licht- und Sonnneneinfall. Fürs erste also ein ziemliches Durcheinander, und es erscheint unmöglich, feste Regeln für das Verhältnis Pflanze zu Licht aufzustellen.

Ganz so schwierig ist es aber nicht, denn wir kennen die Lebensgewohnheiten der Zimmerpflanzen ziemlich genau. Und wenn man vom Standpunkt »Ohne Licht kein Leben« ausgeht, so heißt das für die Blumenpflege: kein befriedigendes Wachsen und Blühen ohne ausreichendes Licht. Das gilt besonders für Blumenfreunde, die mit innenarchitektonischem Geschick die Pflanzen nur nach Geschmack und Schönheitssinn im Zimmer verteilen.

Wer Freude an seinen Zimmerpflanzen haben will, der tut gut daran, sie vom Licht nicht allzu fern zu halten. Die weiteste Entfernung für weniger Lichtbedürftige sollte 3 m vom Fenster sein. Für alle Pflanzen müßte es aber heißen: je heller, desto besser! Erstaunlich und beruhigend wirkt die Beobachtung, daß der überwiegend größte Teil unserer Blattpflanzen schattenverträglich, ja sogar schattenliebend ist. Die Sonne spielt im Zimmerpflanzenleben überhaupt nur eine durch Stores und Vorhänge »gedämpfte« Rolle. Für das Südfenster mit seinem starken Licht-, aber auch Sonneneinfall, finden sich nur wenige Pflanzen; es sei denn, man stellt sie weit genug vom Fenster auf oder schützt sie durch Vorhänge vor den sengenden Sonnenstrahlen. Das vielgeschmähte Nordfenster mit den Variationen Nordost und Nordwest dagegen kann mit einer größeren Auswahl an Pflanzen bestückt und geschmückt werden. Hausbesitzer mit Fenstern, die nach Osten, Westen oder Südwesten liegen, sind noch viel besser dran; hier fühlen sich die meisten Zimmerpflanzen pudelwohl.

Wer es ganz genau wissen will, der besorge sich einen Lichtmesser, mit dem man ganz genau messen kann, wie hell und dunkel jede Pflanze steht.

Die blühenden Zimmerpflanzen wollen natürlich sämtlich etwas heller stehen als Grünpflanzen, weil sie zur Ausbildung von Knospen und Blüten das Licht dringend benötigen. Stehen sie dunkel, dann bleiben die Knospen stecken oder entwickeln sich nur spärlich, und hat sich trotz allem eine Blüte entwickelt, dann vermissen wir ihre Farbleuchtkraft.

Zusatzbeleuchtung

Jedes Pflanzenwachstum ist an Licht gebunden. Zu wenig Licht, das heißt zu geringe Beleuchtungsstärken, ergibt unnatürliches Wachstum (Vergeilen). Die Blattfläche bleibt klein, dadurch ergibt sich eine Verringerung und gar Unterdrückung der Blattgrünbildung und Streckung der Sprosse. Wir müssen also, wenn es gar nicht anders geht, den Pflanzen zusätzliches Licht bieten, um optimale Verhältnisse für sie zu schaffen.

Für den Menschen und die Pflanzen hat das Licht unterschiedliche Bedeutung. Zuviel rote, orangefarbene und infrarote Lichtanteile beschleunigen das Längenwachstum, weshalb Glühlampenlicht (hoher Rotanteil) die Gewächse lang und sparrig werden läßt. Ein Übergewicht an blauvioletter Strahlung verzögert das Längenwachstum mehr als uns lieb ist. Dagegen reicht das Tageslichtspektrum kontinuierlich vom Ultravioletten über das Sichtbare bis hin zum Infrarot.

Wollen wir in dunkleren Zimmerecken zufriedenstellendes Pflanzenwachstum ermöglichen, müssen wir solche künstlichen Lichtquellen einsetzen, die in der Zusammensetzung der Strahlung dem Tageslichteffekt am nächsten kommen. Meistens sind es violettblaue und orangerote Bereiche. Als geeignet erscheinen unter anderem TL-Leuchtstofflampen, MLR-Mischlichtlampen und HPL-de-Luxe-Quecksilberdampflampen.

Mittlerweile gibt es überall fertige Beleuchtungssets, die wir nur aufzuhängen brauchen. Dabei daran denken, daß die Beleuchtungsstärke (Lux) abnimmt, je größer die Entfernung Lampe – beleuchtete Fläche ist. Andererseits wirken Pflanzen im gleißenden Licht nicht attraktiv. Abgesehen von besonderen Gegebenheiten, zum Beispiel Blumenfenster und größere Pflanzenansammlungen, wo sich Lamellen-Rasterleuchten recht gut eignen, werden wir in der Regel keine Flächenwirkung, sondern punktuelle Beleuchtung (Punktlicht) ansetzen, was mit den schon erwähnten Beleuchtungssets namhafter Firmen gut möglich ist. Diese speziellen Pflanzenleuchten sind im Gartenfachhandel erhältlich.

Der Lichtbedarf der meisten Zierpflanzen liegt zwischen 500 und 2000 Lux. Spezielle Angaben sind der Liste auf Seite 155 zu entnehmen. Bei Verwendung der Beleuchtungssets kann an sich nichts schiefgehen, wenn man die Aufhängehöhe beachtet. Gewächse aus dem tropischen Bereich sollten nicht länger als 12 Stunden (Tages- und Kunstlicht), Pflanzen aus unseren Breiten etwa 12–16 Stunden zusätzlich belichtet werden.

Bodenwärme: Pflanzen brauchen einen »warmen Fuß«

Erfreulicherweise bleiben unsere Zimmerpflanzen meist von »echten« Krankheiten verschont. Auch Schädlinge, von Läusen einmal abgesehen, sind nur selten auf Blumenbank und Blumenfenster anzutreffen. Und doch werden Blätter gelb und fallen ab, Knospen trocknen ein, Blüten entwickeln sich nicht, manche Blätter werden glasig oder sind voll von kleinen, braunen, rostähnlichen Flecken.

Man braucht kein ausgebildeter Pflanzendoktor zu sein, um hinter die Ursachen dieser »Krankheiten« zu kommen: Es handelt sich um Umweltschäden oder aber um das traurige Ergebnis von falsch oder überhaupt nicht durchgeführten Pflegemaßnahmen.

Was oft nicht beachtet wird: Alle Zimmerpflanzen wünschen einen »warmen Fuß«. Diese alte Gärtnerweisheit wird allerdings nicht selten mißverstanden. Warmer Fuß bedeutet nicht, daß die Pflanzen auf die Fensterbank über der Heizung oder gar direkt auf den Heizkörper gestellt werden sollten. Im Gegenteil. Hier kann es zu unerfreulichem Hitzestau und Trockenheitserscheinungen kommen.

Vor allem Cinerarien, Pantoffelblumen, Gloxinien und Hortensien, die mit ihren großen Blättern viel Wasser verbrauchen, haben dann so ihre Probleme, genauso wie Azaleen, Kamelien und Gardenien, die in einer besonders lockeren, das Wasser nicht festhaltenden Erde wachsen.

Aber auch andere Zimmerpflanzen können hitzige Bodentemperaturen nicht vertragen, weil die abgepackte, fertige Blumenerde zumeist leichter austrocknet als die früher übliche, mit Kompostanteilen versetzte Erde.

Man kann sich helfen: Entweder die Fensterbank so weit verbreitern, daß die alles austrocknende Luft die Pflanzen nicht erreicht, oder eine Blumenbank dazustellen; ein fahrbarer Blumenständer wäre ideal, weil der jederzeit hin- und hergeschoben werden kann, damit beispielsweise ganz bequem die Fenster geputzt werden können.

Auch Pflanzenwannen aus Ton oder Kunststoff (zwischen 30 und 50 cm hoch, 60–70 cm breit), in denen die Töpfe in regelmäßig angefeuchteten Blähton eingesenkt werden, helfen, ein Wüstenklima zu vermeiden. Das sieht dazu noch natürlicher aus, als wenn die Pflanzen in einer Reihe nebeneinander aufgestellt werden. Außerdem schätzen Pflanzen diese Tuchfühlung auch deshalb, weil sie sich gegenseitig mit feuchter Luft versorgen. Der von der Hydrokultur her bekannte Blähton ist dem Torf oder Sand als Füllmaterial vorzuziehen, weil er sauber und steril bleibt und eine gewisse Grundfeuchtigkeit gewährleistet.

Unsere Zimmerpflanzen leiden aber auch unter kalten Füßen, vor allem dann, wenn sie auf einem Sims aus Stein stehen müssen. Besonders im Winter besteht größte Gefahr. Auch hier sollte man versuchen, Pflanzenwannen oder zusätzliche Blumenbänke einzusetzen oder die Fensterbank nach vorn zu erweitern. Hilfreich sind auch Holz-Styroporplatten, die auf die kalten Steine gelegt werden. Das sollte auch in den Übergangsmonaten geschehen, in denen die Pflanzen genauso wie im Winter gefährdet sind.

Pflanzen tropischer Herkunft erleiden besonders oft einen durch mangelnde Bodenwärme hervorgerufenen Kälteschock, wie etwa Orchideen, die zudem noch gerne besonders trocken stehen, aber auch die sonst so robusten Dieffenbachien, Farne und Begonien.

Für Fingeraralien (*Schefflera elegantissima*, siehe S. 123), Glanzkölbchen, Kroton, Korbmaranten und fast alle buntblättrigen Pflanzen sind steinerne Fensterbänke geradezu Gift. Das gilt auch für das Kokospälmchen, weil es ständig im Wasser stehen will, und selbst für das eigentlich sonst recht robuste Usambaraveilchen. Ampelpflanzen haben dagegen keine Probleme, da die warme Luft bekanntlich nach oben steigt. Allzu niedrige Bodenwärme behindert die Wasseraufnahmefähigkeit durch die Wurzeln. Ergebnis: Die Pflanzen fangen an zu welken und machen selbst bei ausreichender Wasserversorgung schlapp. Ideal ist, wenn die Bodenwärme über der Lufttemperatur liegt. Das kann mit Hilfe von thermostatisch zu regulierenden Heizkabeln erreicht werden, die im Fachhandel erhältlich sind.

Umtopfen

Wenn die Pflanzen wachsen, wird Erde verbraucht. Sie benötigen deshalb einen größeren Topf und neue Erde. Das Umtopfen muß regelmäßig, das heißt in Abständen erfolgen, die hauptsächlich vom unterschiedlichen Wachstum der Zimmerpflanzen bestimmt werden: bei »normal« wachsenden Pflanzen wie Philodendren, Grünlilien und Zimmerlinden jedes Jahr, bei langsam wachsenden wie Myrten, *Kalanchoë* oder kleinblättrigen Gummibäumen alle zwei bis drei Jahre. Einige können noch länger in Ruhe gelassen werden, wie beispielsweise Sansevierien und die artverwandten Sukkulenten.

Wer mehr als zwei Pflanzen besitzt, sollte sich ein Notizbuch anlegen und die Umtopfdaten eintragen, die man nur schwerlich alle im Kopf haben kann. Außerdem werden die Umtopfabstände mit zunehmendem Pflanzenalter immer größer, so daß schriftliche Vermerke von großem Nutzen sein können.

Umgetopft wird vor dem Wachstumsbeginn, also im März/April. Dieses eiserne »Gärtnergesetz« kann aber durchbrochen werden, wenn die Wurzeln mit Macht aus dem Topf drängen oder sich der Wurzelballen so weit hochgeschoben hat, daß er kein Wasser mehr annimmt, was zu Trockenschäden führen kann. Gesundheitsfördernd wird das Umtopfen außerhalb der vorgeschriebenen Zeit aber auch, wenn die Erde sauer riecht und (als Folge) die Blätter in frischgrünem Zustand abfallen. Denn manche Zimmerpflanzen haben kranke, faulende Wurzeln, weil sie zu oft gegossen werden.

Zum Umtopfen braucht man einen neuen Topf, der je nach Wachstumstempo nur zwei bis drei Nummern größer sein sollte. In größeren Töpfen »versinken« die Pflanzen geradezu, sie brauchen länger, um neue Wurzeln zu bilden, es dauert lange, bis neue Triebe erscheinen, von Knospen und Blüten ganz zu schweigen. Außerdem besteht die Gefahr, daß die jungen Wurzeln in zu großen Töpfen mit übermäßigen Wassergaben zu kämpfen haben und in diesem Kampf meist unterliegen. Es empfiehlt sich deshalb, auch bei Töpfen mit Normalgröße in den ersten Wochen nach dieser Prozedur weniger zu gießen als vorher: etwa die Hälfte der früheren Wasserration.

Bevor es soweit ist, werden die Tontöpfe, gleich ob es sich um gebrauchte oder neue handelt, etwa eine Nacht, mindestens aber 24 Stunden ins Wasser gelegt. Dadurch verschwinden die häßlichen Kalkablagerungen an den Töpfen, mögliche Pilzsporen und andere Krankheitskeime. Ganz Vorsichtige schwenken aus diesem Grunde die Töpfe in heißem Wasser. Bei neuen Pflanzgefäßen aus Ton oder Plastik kann diese Sicherheitsmaßnahme entfallen.

Vor dem Umtopfen gießt man die Pflanzen gründlich oder taucht sie, bis sie sich mit Wasser vollgesaugt haben. Wird das vergessen, kann es beträchtliche Wachstumsstörungen geben, da ballentrockene Pflanzen in der neuen Erde nur schlecht Wasser aufnehmen. Die Pflanze mit der linken Hand (Linkshänder nehmen die rechte) vorsichtig umdrehen, so daß sich der Topf oben befindet, und mit einem kräftigen Ruck die Topfkante auf die Kante des Tisches aufstoßen. Dabei gleitet der Wurzelballen aus dem Topf in die linke Hand.

Die oben auf dem Wurzelballen befindliche, verbrauchte Erde wird vorsichtig mit dem Daumen entfernt; weitere Erdreste verschwinden durch einen leichten Handschlag gegen den Ballen. In den neuen Topf fülle man dann eine etwa drei Zentimeter hohe Erdschicht, setze die Pflanze darauf, so daß sie sich in der Mitte und etwa einen Zentimeter tiefer als vor dem Verpflanzen im Topf befindet. Dann wird in den Topf die Erde eingeschüttet, wobei wir die Pflanze zwischen Mittel- und Zeigefinger halten. Den erdgefüllten Topf stößt man dann kräftig auf den Tisch und drückt rund um die Pflanze mit den Daumen beider Hände die Erde fest, um einen zentimetertiefen Gießrand

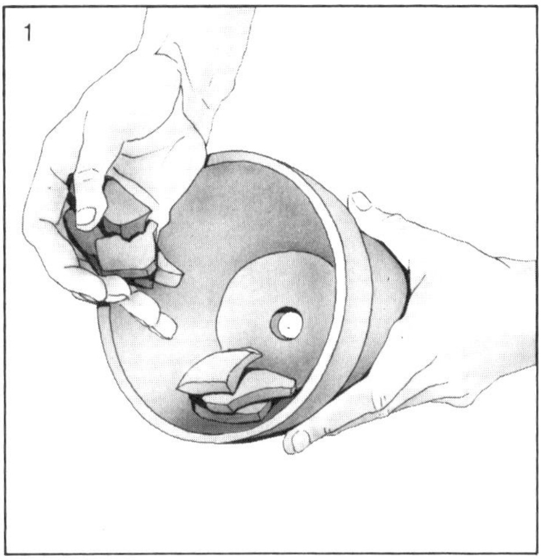

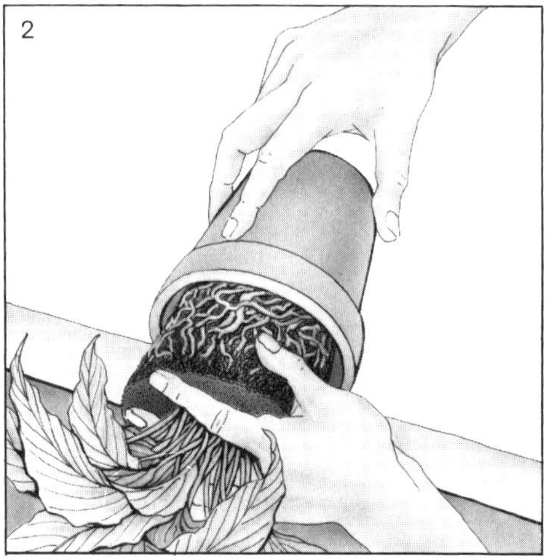

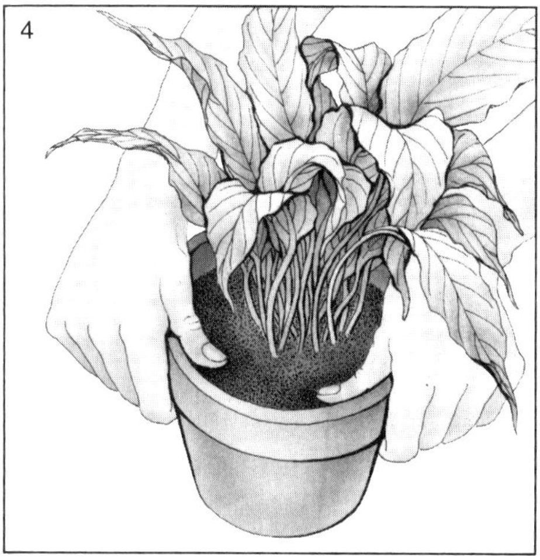

1 In den Topf kommen zuerst Tonscherben

2 Den alten Topf mit der Pflanze fest an der Tischkante aufschlagen

3 Erde locker in den neuen Topf einfüllen; Pflanze dabei leicht rütteln

4 Erde mit Daumen fest andrücken. Für einen Gießrand sorgen

5 Angießen, zuerst mit wenig Wasser

zu bekommen. Die frisch eingetopften Pflanzen dürfen anschließend nicht gleich in die Sonne, sondern müssen an einen Schattenplatz. Wenn sich der Tontopf nur schwer vom Wurzelballen löst, sollte man ihn zerschlagen, um die meist empfindlichen Wurzeln zu schützen. Kunststoffgefäße können mit einer Schere aufgeschnitten werden.

Das Angebot an Topfpflanzenerde ist groß. Dabei werden Sonderwünsche der Pflanzen berücksichtigt. So gibt es Blühpflanzen-, Grünpflanzen- und Palmenerde, Orchideen- und Kakteenerde und Erde für Rhododendren, die zum Umtopfen von Azaleen, Gardensien und Hortensien in Betracht kommt.

Krankheitsursachen und Umweltschäden

Um einer kranken Pflanze zu helfen, muß man zunächst die Ursache der Krankheit erkennen. Wenn Läuse auf den Pflanzen herumkriechen oder ein mehliger Belag die Blätter verunziert, ist liegt der Grund für das Kümmern auf der Hand. Wenn aber weder Schädlinge noch Krankheitserreger zu sehen sind, ist guter Rat teuer.

Manchmal sind es »Umweltschäden«, wie Trockenheit oder zuviel Wasser, ein allzu dunkler oder ein zu sonniger Platz, die den Pflanzen zu schaffen machen. Denn fast alle Gewächse, die in unseren Wohnungen grünen und blühen, haben Spezialwünsche an Standort, Licht, Wasser, Dünger und Temperatur.

Stehen diese bedauernswerten Geschöpfe an einem falschen Platz, werden sie zu wenig oder zuviel gegossen, zieht es an ihrem Standort oder reichen die Nährstoffe nicht aus, reagieren manche Pflanzen sofort, während es bei anderen Wochen, ja sogar Monate dauern kann, bis Schäden sichtbar werden.

Beläge auf Erde und Blähton

Zeigt sich auf der Blumenerde oder auf dem Blähton bei der Hydrokultur ein weißer, schimmelartiger Belag, so handelt es sich um meist harmlose Kalk- oder Salzablagerungen. Abhilfe: gelegentlich die oberste Erdschicht entfernen und erneuern.

Ein grüner Belag verrät das Vorhandensein von Algen und Moosen, die vor allem in torfhaltiger und deshalb sehr feuchter Erde auftreten. Abhilfe: Oberste »begrünte« Schicht entfernen und erneuern.

Wachstumsstörungen an Sprossen und Trieben

Wenn die Spitzentriebe welken und verkümmern, kann Trockenheit, aber auch Staunässe, Kälte und Lichtmangel die Schadensursache sein. Manchmal sind auch Schädlinge am Werk. Abhilfe: nicht zu wenig, aber auch nicht zuviel gießen und die Pflanze wärmer und heller stehen. Nach Schädlingen Ausschau halten.

Werden die Triebe unnatürlich lang und die Blätter immer kleiner, so stehen die Pflanzen zu dunkel und zu warm. Abhilfe: einen hellen und kühlen Platz suchen.

Fangen die Stengel oder ganze Pflanzenteile am Stammgrund an zu faulen, so wurde zuviel gegossen. Außerdem können auch solcherart kränkelnde Pflanzen zu kühl stehen oder von Bakterien befallen sein. Abhilfe: weniger gießen, wärmer stellen; manchmal hilft schon ein Platz auf einem Heizkörper (»warmer Fuß«).

Schäden an den Blättern

Wenn die Blätter abfallen, kann das bei einigen, meist strauchartigen Gewächsen (*Bougainvillea, Hibiscus*) ein ganz natürlicher Vorgang sein, der durch Einschränken der Wassergaben noch gefördert werden sollte. Außerden »reinigen« sich Grünpflanzen wie Birkenfeigen alljährlich durch das Abstoßen von älteren Blättern.

Manchmal fallen die Blätter nach einem Standortwechsel ab. Das passiert, wenn die Pflanzen aus einem warmen in ein kühles Zimmer kommen oder wenn ein heller Standort plötzlich durch eine dunkle Ecke ersetzt wird. Auch können Mangelerscheinungen und Wurzelfäule die Ursache sein. Abhilfe: regelmäßig düngen, nicht zu viel gießen, möglichst keine

Standortwechsel vornehmen; wenn es nicht anders geht, die Pflanzen nur an Plätze bringen, wo die gleichen Licht- und Temperaturverhältnisse herrschen.

Färben sich die ganzen Blätter braun, handelt es sich um Schäden durch Frost oder Treibgas, das aus Spraydosen zur Schädlingsbekämpfung stammt. Abhilfe: keine Dosen mit Treibgas verwenden, Pflanzen vor Frost schützen.

Trocknen die Blätter an den Spitzen und Rändern ein, so liegen Pflegefehler vor, wie etwa unregelmäßige Wasser- und Düngegaben. Auch kann die Pflanze verletzt worden sein. Abhilfe: Gießen und Düngen mit äußerster Sorgfalt vornehmen, vor allem die Nährstoffgaben nicht vergessen. Blätter und Triebe vor dem Knicken schützen.

Helle Flecken stammen vom Besprühen mit kalkhaltigem Wasser. Abhilfe: nur kalkfreies Wasser (abstehen lassen oder abkochen) verwenden.

Gelbe, braune oder schwarze Blattflecken können von Sonnenstrahlen, aber auch von Krankheiten oder Schädlingen herrühren. Abhilfe: Pflanzen aus der Sonne nehmen, genau auf Parasiten untersuchen.

Korkwucherungen sind ein Zeichen für zu hohe Wasser- und Nährstoffgaben in der Ruhezeit, die zumeist in den Wintermonaten durch weniger Gießen und Nicht-mehr-Düngen eingehalten werden muß. Auch kann zu krasser Wechsel des Standorts – zum Beispiel aus der Sonne in den Schatten – Schuld sein. Abhilfe: Ruhezeiten beachten, keinen abrupten Standortwechsel vornehmen.

Verfärben sich die Blätter hellgelb bis weiß, beginnend bei jungen Blättern, liegt Eisenmangel vor, der durch Kalk im Gießwasser hervorgerufen wird. Besonders empfindlich reagieren Citrusbäumchen, Hortensien und Gardenien. Abhilfe: durch Zugabe von Spezialdünger oder bei starker »Chlorose« umtopfen in Ton- oder lehmhaltige Erde.

Schäden an den Blüten

Das Steckenbleiben der Blüten (typisch bei Klivien) und vorzeitiger Knospenfall kann mehrere Ursachen haben: durch unregelmäßig verabreichte Wasser- und Düngegaben, durch zu hohe oder zu niedere Temperaturen (Klimawechsel ist ganz gefährlich!), durch Wurzelerkrankungen und auch durch Schädlinge und Krankheiten. Abhilfe: Schwankungen im Wasser- und Nährstoffhaushalt vermeiden, Temperaturen möglichst gleich hoch oder gleich niedrig halten, auf Parasiten achten.

Pflanzenschutz

Gut und ordnungsgemäß gepflegte Pflanzen werden uns nur selten Kummer machen, denn ihre Widerstandsfähigkeit gegen Krankheiten und Schädlinge resultiert aus der Kraft ihres gesunden Wachstums. Und doch entdecken wir manchmal Läuse, Blasenfüße (Thripse), Rostpilze und Krankheiten an Blättern und Stielen.

Vor allem die Läuse sind eine recht arge Plage, sie hemmen das Wachstum und bedecken die Blätter mit ihren Ausscheidungen, auf denen sich dann Schwärzepilze (»Rußtau«) ansiedeln und das Aussehen der gesamten Pflanze verunstalten. Alle diese tierischen Schädlinge befallen mit Vorliebe Pflanzen, die durch ungünstige Lebensbedingungen im Zimmer »schwach« wurden. Immerhin läßt sich ihr Auftreten meist auch ohne die Konsultation eines Pflanzendoktors oder eines Gärtners erkennen, entweder mit dem bloßen Auge oder, besser und sicherer, durch Zuhilfenahme eines einfachen Vergrößerungsglases.

Schwierig ist die Heilung von Pilzkrankheiten, weil sich diese Krankheitserreger unbemerkt in das Innere des Pflanzengewebes einschleichen und dort ausbreiten. So kann es passieren, daß sich Pilze in den Pflanzenzellen einnisten. Wunden und Verletzungen öffnen ihnen in den meisten Fällen die Tür.

Wenn die Krankheit äußerlich sichtbar wird, zum Beispiel durch die Ausbreitung eines weißen und grauen Schimmelrasens auf Blättern und Blüten, durch Blattflecken, Rostpusteln oder faulendes Gewebe, hat sich die Krankheit in der Pflanze schon sehr weit verbreitet, und die eigentliche Infektion liegt bereits Wochen oder Monate zurück. Die Pflanze ist zu dem Zeitpunkt schon so stark geschädigt, daß man sich am besten von ihr trennt, bevor benachbarte Pflanzen von diesem Infektionsherd angesteckt werden. Einer Infektion durch Pilze oder Bakterien an den Wurzeln oder am Wurzelhals kann man jedoch durch richtiges Gießen vorbeugen. Denn Wurzelfäulnis wird durch ständig zu nasse Blumenerde oder durch stehengebliebenes Wasser im Übertopf oder Untersetzer begünstigt.

Die Heilung der grünen Patienten stellt den Blumenfreund nicht vor schwierige Probleme, da überall leicht zu handhabende Spritz- und Stäubemittel im Handel sind.

Organische Insekten- und Pilzmittel stehen jetzt anstelle hochgiftiger Präparate zur Verfügung, die es jedem gestatten, ohne große Spezialkenntnisse eine erfolgreiche Bekämpfung der Plagegeister vorzunehmen. Verantwortungsbewußte Blumenfreunde halten sich ohnehin an nützlingsschonende und umweltfreundliche Spezialpräparate, die auch Kindern und Haustieren nicht gefährlich werden können. Staatliche Pflanzenschutzmittelverordnungen und Gesetze sorgen zudem dafür, daß neue und ältere Mittel auf Herz und Nieren geprüft werden, so daß »Umweltschäden« im Bereich von Zimmer, Balkon und Wintergarten nicht mehr zu befürchten sind. Deshalb werden in der Tabelle auf der hinteren Einbandklappe nur solche Mittel genannt, die ihr Examen als umweltverträgliche Präparate bestanden haben. Diese, aber auch andere Pflanzenschutzmittel sind in Fachgeschäften erhältlich.

So gut und wirksam diese Pflanzenschutzmittel sind und so genau man sich an die Anwendungsvorschriften halten mag, Wunderdinge darf man nie erwarten. Das gilt vor allem für Pilzkrankheiten, die buchstäblich nur im Keim »erstickt« werden können, weil einem »ausgewachsenen« Pilz nicht mehr beizukommen ist. Allerdings treten Pilzkrankheiten recht selten auf, weil ihre Entwicklung von einer hohen, im Zimmer meist nicht vorhandenen Luftfeuchtigkeit bestimmt wird, während tierische Schädlinge sich vor allem in lufttrockenen Räumen wohl fühlen.

Auch für den Pflanzenschutz im Zimmer hat die Binsenwahrheit »Vorbeugen ist besser als Heilen« ihre Berechtigung, und das Vorbeugen geschieht ohne chemische Hilfestellung: durch sorgsame Pflege und Beachtung all der kleinen Wünsche unserer Zimmerpflanzen.

Urlaubsversorgung der Zimmerpflanzen

Hilfsbereite Omas oder pflanzenfreundliche Nachbarn sind sicher die beste Urlaubsversorgung. Damit ihre Fürsorge nicht in Arbeit ausartet, sollten wir bestimmte Vorkehrungen treffen. Dabei gibt es einige Grundregeln zu beachten: So brauchen während unserer Abwesenheit Gummibäume, Usambaraveilchen und alle anderen Gewächse genausoviel Licht wie sonst. Also: nicht etwa die Wohnung drei Wochen oder noch länger verdunkeln. Außerdem dürfen die Pflanzen nicht in der prallen Sonne stehen und auf keinen Fall während der Abwesenheit auf den Balkon gestellt werden.

Probleme gibt es vor allem mit dem Gießen. Blumenfreunde, deren Pflanzen in Hydrokultur stehen, können sorglos in den Urlaub fahren; ihre Zöglinge stehen mit den Wurzeln ständig im Wasser und nehmen nur so viel Feuchtigkeit und Nahrung auf, wie sie gerade brauchen.

Aber was machen die anderen? Da gibt es die Sache mit der »Wollfäden-Pipeline«. Man nehme nicht zu dünne, am besten geflochtene Baumwollfäden, stecke das eine Ende etwa 3 cm tief in die Erde der Töpfe und hänge das andere Ende in ein mit Wasser gefülltes Gefäß. Die Wasserreservoirs stehen oben (auf einem Tisch oder Stuhl), die Pflanzen unten. Und dann läuft das Wasser in die Töpfe, bis sie genug haben. Dabei sind allerdings die unterschiedlichen Wasseransprüche der Pflanzen und die verschiedenen Topfgrößen zu berücksichtigen. Außerdem ist die Saug- und Transportleistung von Wollfäden nicht immer gleich. Wer also Pannen vermeiden will, der muß vorher ein Test-Programm absolvieren, größeren

Töpfen 3–4, kleineren entsprechend weniger Schnüre zuteilen, das gleiche Spiel noch einmal mit den durstigen und trockenheitsliebenden Pflanzen machen, die Schnüre überprüfen und so weiter.

Wer es sich noch einfacher machen möchte, der besorge sich eine Wanne oder ein ähnliches Gefäß, fülle es mit Torf und gieße so lange Wasser darüber, bis der Torf völlig durchfeuchtet ist. Dann werden die Pflanzen bis an den oberen Rand des Topfes in den Torfmull versenkt. Nur die durstgewohnten Sansevierien, Kakteen und anderen Sukkulenten machen eine Ausnahme: Sie stelle man nur oben auf den Torf und drücke die Töpfe leicht an, damit sie nicht umfallen. Die Zimmerpflanzen können auf diese Weise 3–4 Wochen ohne Gießaufsicht ausharren.

Zu empfehlen sind auch Tränkeautomaten, die aus kleinen Tonkegeln bestehen, die mit einem dünnen Wasserschlauch verbunden sind. Bei einem sogenannten Wasserspender werden die Pflanzen über einen Docht mit Wasser versorgt. Unten in das Wasserabzugsloch wird der Docht eingeführt, der für die Pflanze das Wasser aus einem darunter stehenden Gefäß – es kann auch ein Übertopf sein – aufsaugt. Es empfiehlt sich, die »Automatik« ebenfalls vor der Abreise zu überprüfen.

Besonders sicher ist eine spezielle Urlaubsbewässerung für Zimmerpflanzen, die auch unter diesem Namen im Fachhandel angeboten wird. Eine elektrische Tauchpumpe in einem Wasservorratsbehälter versorgt über dünne Schläuche automatisch im Abstand von 24 Stunden jeweils eine Minute lang die angeschlossenen Topfpflanzen (bis zu 36 Stück) mit Wasser. Je nach Pflanzengröße wird eine Menge zwischen 10 und 30 Kubikzentimetern Wasser abgegeben.

Diese Urlaubsbewässerung versorgt bis zu 36 Topfpflanzen. Die Bewässerung erfolgt täglich für eine Minute über einen Transformator mit integriertem Zeitschalter. Drei Tropfverteiler mit unterschiedlichen Wasserabgabemengen sorgen für pflanzengerechte Wasserzufuhr.

Vermehrung

Die Vermehrung der Zimmerpflanzen ist schon immer ein gerne gerittenes Steckenpferd der Blumenliebhaber gewesen. Eine ganze Anzahl unserer grünen Freunde lassen sich leicht und ohne Schwierigkeiten vermehren, andere wiederum stellen höhere Ansprüche an die Pflanzenkinderstube.

Wenn ein kleines Gewächshaus vorhanden wäre, würde auch die Vermehrung von wertvollen und seltenen Zimmerpflanzen gelingen. So genügt der Platz am Fenster, wo zwar genügend Licht und Wärme vorhanden sein kann, oft deshalb nicht, weil die für junge Pflanzen so notwendige Luftfeuchtigkeit fehlt; denn gerade für Stecklinge ist die trockene Zimmerluft Gift, und schon nach kurzer Zeit lassen sie die Blätter hängen und gehen ein.

Als Helfer treten die Plastikfolien auf den Plan, mit denen sich preiswerte, kleine Zimmertreibhäuser herstellen lassen. Der bequeme Zimmergärtner greift zu den vorgefertigten »Klein- und Kleinstgewächshäusern« aus Kunststoff, der Bastler aber baut sich ein Kleingewächshaus selbst aus zwei sich überkreuzenden, U-förmigen Stücken Draht und einem in jedem Haushalt vorhandenen Frischhaltebeutel oder einem Stück Folie. Darunter bildet sich mit Wasserdampf gesättigte Luft, die für

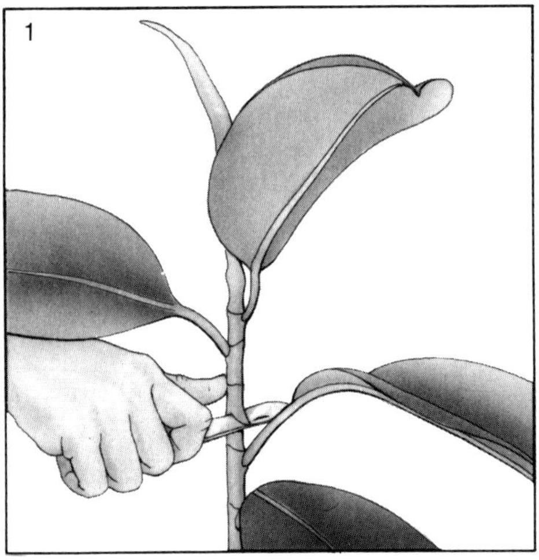

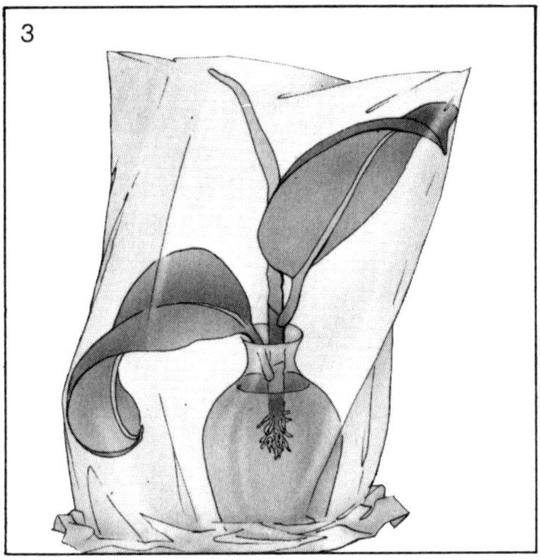

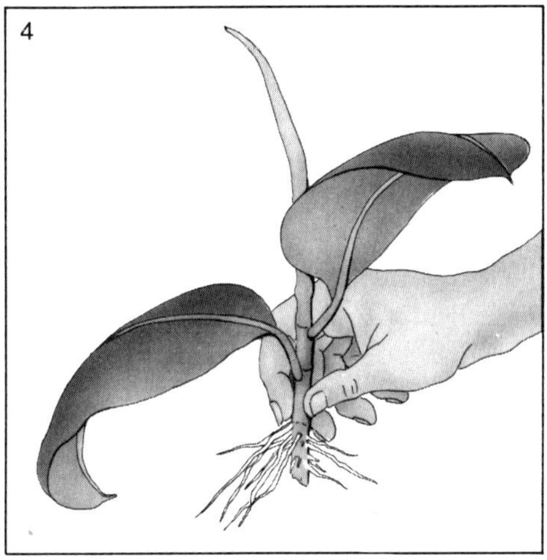

1 Spitzentrieb dicht unter einem Blatt schräg abschneiden
2 »Verband« aus feuchtem Torf oder Waldmoos anlegen
3 Bewurzelten Steckling in Wassergefäß stellen und mit Plastikhaube umhüllen
4 Gut bewurzelte junge Pflanze, fertig zum Einpflanzen
5 Der erste Topf für den jungen Gummibaum. Eine Plastikhaube fördert das Wachstum

schnelle Bewurzelung sorgt. Noch rascher erfolgt die Bewurzelung, wenn die Schnittstelle kurz in ein Bewurzelungshormon (im Fachgeschäft erhältlich) getaucht wird.

Die gleichen Dienste wie die Plastikfolie verrichtet natürlich auch ein über die Stecklinge gestülptes Weckglas oder, für eine größere Anzahl von jungen Pflanzen, auf Kisten oder Schalen aufgelegte Glasscheiben.

Über Erfolg oder Mißerfolg der Stecklingsvermehrung in diesen Pflanzenkinderstuben entscheiden einige unerläßliche Pflegemaßnahmen: Sonnenschutz durch Überdecken mit Papier, Anfeuchten (nicht Gießen) der Stecklinge mit einem feindüsigen Spritzball oder einem ähnlichen Sprühgerät und Luftverbesserung durch tägliches Anheben der Glas- oder Folienglocken.

Nicht weniger sorgfältig sollte man die Stecklingsherstellung vornehmen. Erste Voraussetzung ist ein scharfes, sauberes Messer, mit dem die Stecklinge durch einen möglichst lang geführten Schnitt unter einem Blattknoten ohne Quetschungen von der Mutterpflanze abgetrennt werden. Der Steckling darf nie zu lang, aber auch nie zu kurz sein und sollte mindestens 2–3 Blattpaare besitzen. Die Töpfe oder Schalen werden mit der Anzuchterde gefüllt. Es empfiehlt sich, vor dem Stecken mit einem kleinen Hölzchen ein Loch in die Erde zu machen, damit der Steckling unverletzt in das Vermehrungsbeet gelangt und von vornherein recht fest steht. Alle jungen Pflanzen stehen gerne auf Tuchfühlung; dadurch wird die Standfestigkeit noch erhöht und ein sicheres Anwachsen garantiert.

Abmoosen ist eine Vermehrungsart, die bei strauchartig und in die Höhe wachsenden Pflanzen, wie Gummibäume oder Philodendron, mit verblüffendem Erfolg angewandt werden kann. Mit dieser bewährten Methode kann man den Wachstumsübermut mancher Pflanzenriesen durch eine schmerzlose Operation zügeln und außerdem noch in den Besitz gesunder, junger Pflanzen kommen. Ein findiger Gärtner fand diesen geschickten Dreh, mit dem man die Spitzentriebe aller großen Blattpflanzen entfernen, zuvor aber noch an der Mutterpflanze zur Wurzelbildung anregen kann. Und so geht die Sache vor sich: Im Sommer, wenn sich die Pflanze im vollen Wachstum befindet, wird dicht unter einem Blatt ein 3–5 cm langer, schräger Schnitt von oben nach unten in den Stamm geführt; dabei muß der Stamm genau bis zur Hälfte angeschnitten werden. Dann schiebt man ein kleines Hölzchen in die Schnittstelle, um ein Schließen und Verheilen der Wunde zu verhüten. Und jetzt wird der »Verband« in Form von feuchtem Torf oder Moos aus dem Wald an die Wunde gebracht und lose mit Bastfäden umwickelt. Damit sich die Feuchtigkeit im Moos oder im Torf gut hält und nichts abbröckelt, umhüllt man das Ganze mit durchsichtiger Plastikfolie, die unten fest und oben lose zugeschnürt werden muß. Bereits nach 6–8 Wochen, in denen auf genügend Feuchtigkeit im Plastikbeutel geachtet werden muß, erscheinen die ersten Wurzeln. In der Klarsichtfolie kann man genau erkennen, wann die junge Pflanze soweit ist, um losgelöst von der Mutter ein selbständiges Leben zu führen. Dann nichts wie herunter mit Folie, Bast und Torf, den »Jüngling« unterhalb der letzten Wurzeln abschneiden und in einen kleinen Topf pflanzen.

Einige Zimmerpflanzen lassen sich auch aus Samen heranziehen, wie z.B. Zierbananen, die in wenigen Monaten zu großen und breitbuschigen Exemplaren heranwachsen. Samen gibt es unter anderem häufig von Aralien, Drachenbäumen, Drehfrucht, Keulenlilien, Palmen, Pantoffelblumen, Passionsblumen, Primeln, Spaltblumen, Spitzblumen, Strahlenaralien, Zierspargel und vielen anderen, bekannten oder selteneren Gewächsen. Kakteenfreunde können Lebende Steine, Mammillarien, Weihnachtskakteen, Rebutien, Lobivien, Opuntien und andere Kakteen und Sukkulenten aussäen, die meist problemlos zu blühfähigen Exemplaren heranwachsen.

Bodenheizung für Aussaaten und Stecklingsvermehrung

Für die Pflanzenanzucht ist eine gleichmäßige Bodentemperatur erforderlich. Hohe Keimraten und eine gute Bewurzelung der Stecklinge können nur durch eine gleichmäßige Wärme während der Keimzeit oder Anwachsphase erreicht werden. Ein Zimmergewächshaus mit Wärmeplatte garantiert dies. Die Wärmeplatte ist ein einfaches, aber sicher arbeitendes Gerät, das eine optimale Bodentemperatur gewährleistet. Der geringe Stromverbrauch von 10 Watt erwärmt die Erde unter normalen Bedingungen auf etwa 25 °C. Die Wärmeverteilung erfolgt gleichmäßig über die gesamte Fläche. Sie ist doppelt schutzisoliert und vom TÜV geprüft mit dem GS-Siegel (für geprüfte Sicherheit) versehen.

Anwendung: Auf die Wärmeplatte der Maße 35 x 24 cm passen drei Stück Mini-Treibhäuser der Größe 26 x 11 cm oder ein Zimmergewächshaus der Größe 36 x 22 cm. Die Wärmeplatte in den Abmessungen 47 x 29 cm ist paßgerecht für die Zimmergewächshäuser 50 x 32 cm oder 60 x 40 cm. Die Gewächshäuser werden einfach auf die Wärmeplatte gestellt und der Stecker mit dem Leitungsnetz verbunden. Die Erde im Zimmergewächshaus wird damit je nach Standort auf 22 bis 30 °C erwärmt.

Hydrokultur

Sie stehen mit ihren Wurzeln in einem Topf, der mit federleichten Kügelchen aus gebranntem Ton gefüllt ist, und nicht, wie gewohnt, in Erde. Es erscheint wie eine Vision aus einem Zukunftsroman: Pflanzen wachsen ohne Erde. Dabei steht hinter dieser scheinbaren Utopie die Realität wissenschaftlicher Erkenntnisse. Die Grundlage dieser Erkenntnis ist uns allen bekannt und gar nicht überraschend: Pflanzen leben nicht etwa von der Erde, sondern von den darin gelösten Nährstoffen, die ihre Wurzeln zusammen mit dem Wasser aufnehmen.

Hydrokultur ist also kein »neumodischer Kram«, sondern eine sehr praktische Art, Blatt- und Blütenpflanzen problem- und fehlerlos im Zimmer zu halten. Blumenfreundinnen und Zimmergärtner, die sich bereits mit der Hydrokultur beschäftigen, sprechen von erheblichen Vorteilen, zu denen in erster Linie Bequemlichkeit und Sauberkeit gehören. Das Prinzip ist einfach: In der Mitte des Hydrokulturtopfes steht die Pflanze in sauberem Blähton, der eigentlich nur die Funktion hat, der Pflanze Halt zu geben. Die Tonteilchen sind hygienisch und geruchlos. Es können sich weder Fäulnis, noch Moos oder Schimmel bilden. Bodenschädlinge haben hier natürlich auch keine Chancen. Auch die gefürchtete Übersäuerung des Bodens ist ausgeschlossen. Und schließlich: An die Pflanzenwurzeln kommt viel Luft – ein Vorgang, der sie gesund erhält und besser wachsen läßt.

Man braucht kein Pflanzenexperte zu sein, um hinter die Ursachen der häufigsten »Zimmerpflanzenkrankheiten« zu kommen: Die meisten Gewächse werden falsch, das heißt zu viel gegossen (siehe S. 138). Hydropflanzengärtner kennen diese Probleme nicht, weil sie einfach keine Gießfehler machen können.

Ein Wasserstandsanzeiger im Hydrogefäß, eine sogenannte Minimum-Maximum-Anzeige, übernimmt die Kontrolle und ermöglicht so die pflanzengerechte Wasserversorgung. Das Wasser wird von oben auf den Blähton gegossen – bis auf Höhe der Optimum Markierung. Neues Wasser muß erst dann wieder nachgefüllt werden, wenn der Wasserstandsanzeiger Minimum anzeigt. Dies kann ruhig 2–3 Tage so bleiben, denn durch die hervorragende Porosität (Speicherfähigkeit) des Blähtons ist einerseits gewährleistet, daß sich die Wurzeln immer noch im Nassbereich befinden, andererseits aber noch der kleinsten Wurzel regelmäßig Sauerstoff zugeführt wird und so keinerlei Wurzelfäule entstehen kann. Bei längerer Abwesenheit (je nach Gefäßgröße bis zu 4 Wochen) gießt man bis zur Maximum-Markierung auf, und muß keine Nachbarn oder Freunde um die Pflege bitten.

Die Nährstoffversorgung der Hydropflanzen geht genauso einfach vor sich. Zur Verfügung steht ein speziell für die Hydrokultur entwickelter Langzeitdünger in fester Form, der den Pflanzen etwa 6 Monate lang alle Nähr- und Wirkstoffe liefert, die für das Wachstum nötig sind. Die Dosierung wird automatisch geregelt, Unregelmäßigkeiten im Wachstum und Blühen sind völlig ausgeschlossen. Ein sorgfältig ausgeklügeltes Mischungsverhältnis innerhalb der Nährstoffe verhindert schädliches Überdüngen ebenso wie Mangelerscheinungen. Dieser Langzeitdünger wird auch in gepresster Form als Düngetablette angeboten. Ferner steht auch ein Flüssigdünger zur Verfügung, mit dem man in der Hauptwachstumsphase (April–Oktober) den Hydrokulturpflanzen zusätzlich etwas Gutes tun kann. Allerdings muß beim Flüssigdünger auf eine genau beschriebene Dosierung acht gegeben werden. Flüssigdünger eignen sich sowohl für einzelne Gewächse wie auch für Gemeinschaftspflanzungen.

Viele Pflegearbeiten, die bei der Erdkultur tägliches Brot der Zimmerpflanzengärtner sind, entfallen bei der Hydrokultur schon deshalb, weil optimale Voraussetzungen für ein gesundes Wachstum durch die geregelte Wasser- und Nährstoffversorgung und die gute Wurzelbelüftung gegeben sind. Trotzdem sollte man die individuellen Wünsche mancher Pflanzen beachten, denn auch Hydropflanzen brauchen je nach Art und Sorte unterschiedliche Temperatur- und Lichtverhältnisse und müssen vor Zugluft und sengenden Sonnenstrahlen geschützt werden.

Die Palette der in Spezialgärtnereien herangezogenen Hydropflanzen ist so groß und bunt, daß sich Grünes und Blühendes für jeden Geschmack finden läßt. Vor allem Blattgewächsen bekommt die Hydrokultur gut – auch solchen, die es bisher nie schafften, auf Tisch und Fensterbank zur Zufriedenheit zu gedeihen. Sie sind in der Gärtnerei natürlich auch alle ausgezeichnet vorbereitet für ein Wachstum in den formschönen Hydrogefäßen.

Wer sich mit der Hydrokultur beschäftigen will, sollte wissen, daß alles, was dazugehört, komplett angeboten wird: Gefäße, Blähton, Dünger, Gittertöpfe, Wasserstandsanzeiger und – natürlich – schöne und gesunde, bereits in Hydrokultur angezogene Pflanzen. Diese umfassen fast das gesamte Zimmerpflanzenangebot. Hier eine Auswahl besonders geeigneter Gewächse:

1. Geeignet für Räume mit trockener Luft und starker Sonneneinstrahlung (2000 Lux):

Lanzenrosette, *Aechmea*
Ananas, *Ananas*
Zimmertanne, *Araucaria*
Elefantenfuß, *Beaucarnea*
Bergpalme, *Chamaedorea*
Zwergpalme, *Chamaerops*
Erdstern, *Cryptanthus*
Christusdorn, *Euphorbia milii*
Sukkulente Euphorbien, *Euphorbia tirucalli* und andere *Euphorbia*-Arten
Birkenfeige, *Ficus benjamina*
Roseneibisch, *Hibiscus*
Kakteen
Flammendes Käthchen, *Kalanchoë*
Madagaskarpalme, *Pachypodium*
Schraubenbaum, *Pandanus*
Zwergpfeffer, *Peperomia*

Bogenhanf, *Sansevieria*
Palmlilie, *Yucca*

2. Für lichtärmere Räume (etwa 500 bis 800 Lux) mit durchschnittlicher Luftfeuchtigkeit:

Lanzenrosette, *Aechmea*
Kolbenfaden, *Aglaonema*
Flamingoblume, *Anthurium*
Schusterpalme, *Aspidistra*
Fischschwanzpalme, *Caryota*
Bergpalme, *Chamaedorea*
Dieffenbachie, *Dieffenbachia*
Aralie, *Fatsia*
Gummibaum, *Ficus elastica*
Geigenfeige, *Ficus lyrata*
Kentiapalme, *Howeia*
Fensterblatt, *Monstera*
Baumfreund, *Philodendron*
Kletterphilodendron, *Philodendron scandens*
Usambaraveilchen, *Saintpaulia*
Strahlenaralie, *Schefflera*
Einblatt, *Spathiphyllum*
Purpurtute, *Syngonium*

3. Für Räume mit durchschnittlicher Luftfeuchtigkeit und guten Lichtverhältnissen (etwa 1000 Lux):

Lanzenrosette, *Aechmea*
Schamblume, *Aeschynanthus*
Ananas, *Ananas*
Zierspargel, *Asparagus*
Flamingoblume, *Anthurium*
Zimmertanne, *Araucaria*
Bergpalme, *Chamaedorea*
Kroton, *Codiaeum*
Kaffeestrauch, *Coffea*
Dieffenbachie, *Dieffenbachia*
Buntblättriger Drachenbaum, *Dracaena deremensis*-Sorten
Christusdorn, *Euphorbia milii*
Sukkulente Euphorbien, *Euphorbia tirucalli* und andere *Euphorbia*-Arten
Aralie, *Fatsia*
Banyanbaum, *Ficus benghalensis*
Birkenfeige, *Ficus benjamina*
Geigenfeige, *Ficus lyrata*
Kletterfeige, *Ficus pumila*
Efeu, *Hedera*
Roseneibisch, *Hibiscus*
Wachsblume, *Hoya*
Marante, *Maranta*
Medinille, *Medinilla*
Fensterblatt, *Monstera*
Schraubenbaum, *Pandanus*
Baumfreund, *Philodendron*
Usambaraveilchen, *Saintpaulia*
Bogenhanf, *Sansevieria*
Strahlenaralie, *Schefflera*
Fingeraralie, *Schefflera elegantissima*
Einblatt, *Spathiphyllum*
Purpurtute, *Syngonium*

Register

Halbfette Ziffern verweisen auf Abbildungen

Keine Angst vor Pflanzenfeinden

Tierische Schädlinge

KRANKHEITSBILD	KRANKHEITSERREGER	HEILUNG
Verkrümmte, gekräuselte Blätter, auch andere Pflanzenteile gleichermaßen verunstaltet, allgemeine Wachstumshemmung; Folge von Blattlausbefall ist Rußtau = Ansiedlung von Schwärzepilzen auf den klebrigen Ausscheidungen der Läuse.	Blattläuse (saugende, grüne, graue oder schwarze, ungeflügelte oder teilweise mit Flügeln versehene Insekten)	Befallene Pflanzen vor Zugluft schützen und mit »umweltfreundlichen« Pflanzenschutzsprays behandeln (Bio-Myctan-Zimmerpflanzenspray, Neudosan u. a.). Schnelle Hilfe bringt Abduschen oder Sprühen mit Schmierseifenlösung.
Verunstaltung der Pflanzen, Verschmutzung der Pflanzenteile durch Rußtau (siehe Blattläuse); Läuse sitzen in Blattachseln, an Stengeln und Blattunterseiten vor allem an hartlaubigen Gewächsen.	Schildläuse (saugend, mit napf- oder kommaförmigen Schildchen); Woll- und Schmierläuse (wollig-weiße, bewegliche Insekten)	Nur die jungen (beweglichen) Läuse können durch Spritzmittel bekämpft werden, Weißöl (= Sommeröl), Para Sommer, Promanal bei hartlaubigen Pflanzen; ältere Schildläuse mit Bürste oder Schwamm abwaschen; Woll- und Schmierläuse mit den gleichen Mitteln bekämpfen.
Vergilben, Bräunen (Korkstellen), Eintrocknen der Pflanzenteile; Befall zeigt sich durch weißliche Flecken mit silbrigem Schimmel an Blättern und Blüten; auch schwarze Kottröpfchen werden sichtbar.	Blasenfuß = Thrips (mikroskopisch kleine Tiere, die an Pflanzenteilen saugen)	Bekämpfung wie Blattläuse
Blattunterseiten mit zartem Gespinst überzogen; Blätter verfärben sich gelb und fallen ab.	Rote Spinne (winzige, rote, eiförmige Spinnmilben). Die Tiere vermehren sich besonders stark bei trockener Zimmerluft.	Befallene Pflanzen nie zu hell stellen; Zugluft vermeiden, Blattunterseiten mit kaltem Wasser abspritzen; wenn das nicht hilft, mit Weißöl, Pflanzenschutzstäbchen oder Neudosan bekämpfen; auch Blattunterseiten besprühen.
Blätter bekommen gelbe Flecken, sterben ab; außerdem Verunreinigung durch Rußtau. Vornehmlich befallen: Edelpelargonien, Fuchsien, Farne. Berührt man die Blätter, fliegen die Tierchen auf.	Weiße Fliege (weiße Insekten mit dachartigen Flügeln, Larven saugen an den Blattunterseiten)	Bekämpfung mit nützlingsschonenden Präparaten wie Neudosan AF (hilft auch gegen Blattläuse, andere Blattsauger und Spinnmilben) oder Weißöl. Regelmäßig wiederholen, um sämtliche »Generationen« zu treffen. Auch »Gelbsticker« sind zu empfehlen.
Kümmerwuchs durch Fraßschäden an den Wurzeln, Blättern und Blüten; die Tiere sitzen unter Balkonkästen und in Untersetzern.	Asseln (kleine, nachtaktive, graue oder bräunliche, breit-ovale und vielbeinige Krebstiere)	Feuchte Lappen auslegen, Tiere darunter morgens aufsammeln.